"RIFORGIARE IL SÉ: METODI PRATICI PER TRASFORMARE LE DINAMICHE NARCISISTICHE"

Tecniche di Empowerment Personale e Resilienza nelle Relazioni Complesse

VOL . 2 – LA PRATICA

DI Francesca R. Monroe

SOMMARIO

CAPITOLO 1. INTRODUZIONE: DALLA CONSAPEVOLEZZA ALL'AZIONE

Questo libro segna un passaggio cruciale: dalla teoria esplorata nel Volume 1, dedicata alla comprensione del narcisismo, alla pratica. Il lettore deve trovare in queste pagine un'arma efficace e un oggetto di studio per affrontare le dinamiche narcisistiche nella vita quotidiana. Qui di seguito, svilupperemo sei punti chiave per comprendere l'importanza di trasformare la consapevolezza acquisita in azioni pratiche che portino alla guarigione e alla crescita personale.

1. Identificare il Punto di Partenza: Consapevolezza di Sé e del Problema

Per iniziare un cambiamento concreto nelle dinamiche narcisistiche, è cruciale sapere esattamente dove ti trovi ora. La consapevolezza di sé è il fondamento di ogni trasformazione, e per raggiungerla, devi comprendere le tue reazioni emotive e comportamentali.

Uno strumento pratico è il monitoraggio quotidiano delle emozioni. Ogni volta che interagisci con il narcisista, prendi nota delle tue sensazioni. Questo ti permette di individuare schemi ricorrenti. Ad esempio, potresti scoprire che dopo determinate conversazioni ti senti svuotato, o che in certe situazioni ti capita di sentire un forte senso di frustrazione.

Per farlo, usa un diario emotivo. Non deve essere complesso: basta che annoti, alla fine della giornata, le situazioni più difficili e come ti sei sentito in quelle circostanze. Ad esempio: "Oggi, durante una discussione con il mio partner, mi sono sentito sminuito quando ha ridicolizzato il mio punto di vista".

Scrivere ti aiuterà a osservare con maggiore obiettività cosa succede e ti renderà più consapevole delle dinamiche che innescano determinate emozioni.

Un altro esercizio che puoi praticare è quello dell'osservazione neutrale. Durante le interazioni con il narcisista, invece di reagire immediatamente, prova a visualizzare la scena come se fossi un osservatore esterno. Chiediti: "Come sto reagendo? Cosa sta cercando di ottenere il narcisista in questa situazione?". Questo distacco emotivo ti permetterà di evitare reazioni impulsive e di mantenere il controllo emotivo.

Inoltre, puoi utilizzare l'approccio della ristrutturazione cognitiva. Quando ti accorgi che il narcisista sta cercando di manipolarti o farti sentire inadeguato, prova a sostituire quei pensieri negativi con affermazioni più razionali e realistiche. Ad esempio, se ti senti attaccato, puoi pensare: "Le sue parole non riflettono la realtà, ma il suo bisogno di controllo. Io so chi sono e non mi lascerò influenzare". Questo approccio ti aiuta a non interiorizzare le critiche distruttive e a proteggere la tua autostima.

Man mano che diventi più consapevole di come ti senti e di cosa scatena certe reazioni emotive, potrai creare un quadro completo delle dinamiche narcisistiche nella tua vita. Questa chiarezza sarà fondamentale per affrontare le fasi successive del cambiamento.

2. Stabilisci la Tua Autonomia: Focalizzati sul Tuo Potere Personale

Il narcisista tende a ridurre la tua percezione di autonomia, facendoti sentire costantemente sotto il suo controllo. In questo capitolo ti guiderò verso il recupero del tuo potere personale attraverso esercizi mirati che rafforzano la tua indipendenza e la capacità di prendere decisioni senza influenze esterne.

Una pratica utile è quella di definire i tuoi confini personali. Prendi un foglio di carta e traccia una linea verticale al centro. Su un lato scrivi "Confini Emotivi", sull'altro "Confini Fisici". Elenca le situazioni in cui ti senti manipolato o in cui il narcisista invade il tuo spazio emotivo o fisico. Ad esempio, un confine emotivo violato potrebbe essere: "Mi fa sentire in colpa quando esprimo un bisogno"; un confine fisico violato potrebbe essere: "Non rispetta il mio spazio personale". Questo esercizio ti aiuterà a visualizzare i tuoi limiti e a riconoscere quando il narcisista li sta oltrepassando.

Una volta stabiliti i tuoi confini, è fondamentale imparare a rafforzarli costantemente. Quando il narcisista cerca di infrangerli, puoi rispondere con frasi chiare e concise. Ecco un esempio di frasi che puoi usare:

"Non sono disposto a discutere di questo in questo momento."

"Preferisco non parlare di questo argomento."

L'importante è non cadere nella trappola del giustificarsi. Ogni volta che spieghi o giustifichi il motivo per cui stai difendendo i tuoi confini, offri al narcisista l'opportunità di contestarli. Mantenendo le risposte brevi e neutrali, mantieni il controllo della conversazione.

Oltre a proteggere i tuoi confini, è essenziale praticare l'autoconferma. Ogni volta che affronti una situazione difficile e riesci a mantenere i tuoi confini, prendi un momento per riconoscere il tuo successo. Annota questi successi nel tuo diario. Ad esempio: "Oggi sono riuscito a non reagire emotivamente quando mi ha criticato". Questi piccoli traguardi rafforzano il tuo senso di potere e ti ricordano che puoi gestire la situazione con successo.

Un altro strumento pratico per rafforzare la tua autonomia è il consolidamento delle tue decisioni. Ogni volta che prendi una decisione, che sia piccola o grande, rivedila nel tuo diario. Chiediti: "Questa decisione riflette i miei valori e i miei bisogni, o è stata influenzata dal narcisista?". Questo esercizio ti permette di rimanere allineato ai tuoi obiettivi personali e di evitare di cadere nelle trappole manipolative.

3. Costruisci un Piano di Azione Concreto

Un cambiamento efficace richiede una strategia chiara. Questo capitolo ti fornisce gli strumenti per costruire un piano d'azione concreto, applicabile alla tua vita quotidiana. Il piano d'azione si basa su obiettivi chiari e pratici che ti permettono di affrontare le situazioni con il narcisista senza farti travolgere.

Il primo passo è stabilire obiettivi realistici. Non aspettarti di cambiare tutto subito, ma concentrati su piccole vittorie quotidiane. Ad esempio, un obiettivo potrebbe essere: "Per la prossima settimana, limiterò il tempo che passo in discussioni con il mio partner narcisista". Un altro obiettivo potrebbe essere: "Voglio imparare a dire 'no' senza sentirmi in colpa".

Dopo aver definito gli obiettivi, è il momento di creare una lista di azioni pratiche per raggiungerli. Se il tuo obiettivo è evitare discussioni inutili, puoi pianificare di usare la tecnica del "disco rotto" (ripetere lo stesso messaggio senza cambiare il tono o il contenuto) ogni volta che il narcisista cerca di provocarti. Ad esempio: "Capisco il tuo punto di vista, ma non ho intenzione di cambiare idea".

Una parte fondamentale del piano d'azione è la valutazione settimanale. Ogni settimana, prendi un momento per riflettere su come hai gestito le situazioni difficili. Chiediti: "Ho rispettato i miei obiettivi?" e "Quali tecniche hanno funzionato meglio?". Scrivi queste riflessioni nel diario. Questo ti aiuterà a monitorare i progressi e a identificare le aree in cui puoi migliorare.

Inoltre, è utile inserire nel tuo piano d'azione dei rinforzi positivi. Ogni volta che raggiungi un obiettivo, premiati in modo significativo. Può essere qualcosa di semplice, come concederti un'uscita piacevole o dedicare del tempo a un hobby che ami. Riconoscere e celebrare i tuoi successi è essenziale per mantenere alta la motivazione.

Per rendere il piano d'azione ancora più efficace, crea una scadenza settimanale per ogni obiettivo. Ad esempio, se vuoi migliorare la tua capacità di dire "no", pianifica di esercitarti in almeno due situazioni diverse durante la settimana. Alla fine di ogni settimana, valuta se hai raggiunto l'obiettivo e cosa puoi fare per migliorare ulteriormente.

4. Sperimenta Tecniche per Gestire le Emozioni

Le emozioni giocano un ruolo centrale nelle dinamiche con un narcisista. È facile sentirsi sopraffatti dalla rabbia, dall'ansia o dal senso di colpa. Per questo motivo, è fondamentale avere delle tecniche pratiche per gestire le emozioni in modo efficace.

Una tecnica immediata e molto utile è la respirazione consapevole. Ogni volta che ti trovi in una situazione di stress, puoi usare la tecnica della respirazione a quattro tempi. Inspira per 4 secondi, trattieni il respiro per 4 secondi, espira per 4 secondi e trattieni nuovamente per 4 secondi. Questo esercizio semplice ti aiuta a rallentare la mente e a riportare il corpo a uno stato di calma.

Un'altra tecnica è quella del grounding fisico. Quando ti senti sopraffatto da emozioni intense, concentrati su qualcosa di fisico che puoi vedere o toccare. Ad esempio, potresti concentrarti sul tocco di un oggetto, come una penna o una tazza. Focalizzati su ogni dettaglio dell'oggetto: la sua forma, il suo colore, la sua texture. Questo esercizio ti aiuta a ritornare al momento presente e a distaccarti dalle emozioni intense.

Un'altra tecnica pratica è il controllo del dialogo interno. Spesso, le emozioni che proviamo in risposta a un narcisista derivano dai pensieri negativi che generiamo automaticamente. Quando ti accorgi di avere pensieri come "Non valgo abbastanza" o "Non sono all'altezza", fermati e sostituisci questi pensieri con affermazioni più razionali. Ad esempio: "Il suo comportamento non riflette il mio valore" o "Sono in grado di gestire questa situazione".

Inoltre, puoi utilizzare la visualizzazione emotiva. Quando ti trovi in una situazione particolarmente difficile, immagina di allontanarti fisicamente dalla scena e di osservarla dall'esterno, come se stessi guardando un film. Questo ti aiuta a mantenere una distanza emotiva e a non farti trascinare nel conflitto.

Infine, un esercizio molto utile è la scrittura emotiva. Quando le emozioni diventano troppo intense da gestire, prendi un quaderno e scrivi di getto ciò che provi. Non preoccuparti della forma o della grammatica: l'importante è esprimere ciò che senti. Mettere le emozioni su carta ti permette di rimuovere parte della tensione emotiva e di riflettere sulle tue reazioni in modo più obiettivo.

---

5. Impara a Comunicare in Modo Strategico

Uno degli aspetti più difficili nel convivere con un narcisista è la gestione della comunicazione. I narcisisti tendono a manipolare le conversazioni per distorcere la realtà a loro favore. Ecco alcune tecniche pratiche per gestire efficacemente le comunicazioni con un narcisista.

Una delle tecniche più efficaci è la comunicazione assertiva. L'obiettivo della comunicazione assertiva è esprimere i tuoi bisogni e opinioni senza cedere alla manipolazione emotiva. Un esempio pratico potrebbe essere: "Capisco il tuo punto di vista, ma io la penso diversamente". Questa frase è efficace perché non entra in conflitto con il narcisista, ma al tempo stesso afferma chiaramente la tua posizione.

Un'altra tecnica utile è quella del disco rotto. Se il narcisista continua a insistere su un punto o cerca di manipolarti, ripeti semplicemente la tua posizione senza modificare il contenuto del messaggio. Ad esempio, se il narcisista cerca di manipolarti affinché cambi idea, rispondi ripetendo la tua affermazione originale: "Ho già spiegato che non sono d'accordo". Ripetere lo stesso messaggio in modo calmo e fermo disarma il narcisista e limita la sua capacità di manipolare la conversazione.

Inoltre, puoi praticare il non reingaggio. Quando il narcisista cerca di provocarti o innescare una discussione, rispondi con una frase neutra e non emotiva come "Capisco" o "Va bene". Evita di entrare in dettagli o di spiegare ulteriormente la tua posizione. Questo limita le opportunità del narcisista di usare la conversazione per controllarti.

Infine, un'altra tecnica efficace è quella di limitare il tempo delle conversazioni. Non devi sentirti obbligato a continuare una conversazione che ti mette a disagio. Se la discussione inizia a degenerare o se senti che sta diventando tossica, prendi il controllo e concludi la conversazione con una frase come: "Preferisco continuare questa discussione più tardi" o "Non è il momento adatto per discutere di questo". Questo ti permette di proteggere il tuo spazio emotivo e di non farti trascinare in dinamiche distruttive.

---

6. Creare un Sistema di Sostegno e Monitorare i Progressi

Convivere con un narcisista può essere estremamente faticoso e logorante, per questo è fondamentale avere un sistema di sostegno che ti aiuti a mantenere il tuo benessere psicologico. Il primo passo è identificare una o più persone di fiducia a cui puoi rivolgerti per sfogarti e condividere le tue difficoltà. Può essere un amico, un familiare o un terapeuta. Avere qualcuno con cui parlare ti permette di mantenere una prospettiva sana e di non sentirti isolato.

Un esercizio utile è quello di creare un calendario settimanale di supporto. Pianifica delle sessioni regolari con il tuo sistema di supporto. Queste sessioni possono essere semplici chiamate telefoniche o incontri faccia a faccia in cui puoi discutere di come hai gestito la settimana e ricevere feedback. Sapere che hai qualcuno con cui confrontarti ti dà una sensazione di sicurezza e stabilità.

Oltre a parlare con il tuo sistema di supporto, è importante monitorare i tuoi progressi personali. Puoi farlo tenendo un diario del benessere in cui annotare i tuoi successi e le difficoltà affrontate durante la settimana. Scrivi ad esempio: "Questa settimana ho applicato la tecnica del 'disco rotto' tre volte con successo" oppure "Sono riuscito a non reagire emotivamente durante una discussione". Questo ti permette di vedere i progressi che stai facendo e di rimanere motivato.

Infine, è utile inserire nel tuo diario anche dei piani di miglioramento. Ogni settimana, riflettendo sui tuoi progressi, identifica un'area in cui puoi migliorare. Ad esempio, potresti decidere di lavorare sulla tua capacità di mantenere la calma durante le provocazioni o di esercitarti a dire "no" senza sentirti in colpa. Questo processo di auto-riflessione ti aiuta a rimanere focalizzato sui tuoi obiettivi e a continuare a crescere nel tempo.

CAPITOLO 2. RICONOSCERE LE DINAMICHE NARCISISTICHE NELLE RELAZIONI

In questo capitolo, ti guiderò attraverso tecniche pratiche per riconoscere e gestire le dinamiche narcisistiche nelle relazioni. Capire i segnali di una relazione tossica, sviluppare consapevolezza e proteggere te stesso sono passaggi essenziali per evitare di cadere nella trappola di un narcisista. Ecco sei punti chiave che ti aiuteranno a identificare questi comportamenti, distanziarti emotivamente e costruire un sistema di difesa personale efficace.

1. Identificare i Comportamenti Narcisistici nelle Relazioni Personali

Uno dei primi passi per affrontare il narcisismo nelle relazioni è saper riconoscere chiaramente i comportamenti tipici del narcisista. Anche se il narcisista può sembrare affascinante e carismatico nelle prime fasi della relazione, presto emergeranno schemi di manipolazione. Per proteggerti, devi diventare consapevole di questi comportamenti fin dalle prime fasi della relazione, che sia sentimentale, familiare o lavorativa.

Ecco alcuni segnali pratici per riconoscerli:

Critiche mascherate da "aiuto": Il narcisista può camuffare le critiche sotto forma di consigli "costruttivi", dicendo cose come "Lo faccio per il tuo bene" o "Sono solo onesto con te". Tuttavia, queste osservazioni hanno l'obiettivo di minare la tua autostima. Un modo per smascherare queste critiche mascherate è fare attenzione al risultato emotivo: ti senti valorizzato o, al contrario, abbattuto dopo una conversazione? Se dopo ogni confronto senti un senso di inadeguatezza, è probabile che il narcisista stia cercando di controllarti attraverso la svalutazione.

Manipolazione emotiva: I narcisisti sono maestri nella manipolazione delle emozioni. Usano la tua empatia contro di te, facendoti sentire colpevole per situazioni di cui non sei responsabile. Un segnale tipico è quando ti accusano di essere la causa dei loro problemi o di non comprenderli abbastanza. Esercita un sano distacco emotivo: ogni volta che senti di essere accusato senza motivo, chiediti se realmente hai fatto qualcosa di sbagliato o se stai solo reagendo alle loro manipolazioni.

Bisogno costante di essere al centro: I narcisisti richiedono un'attenzione costante. Se noti che una persona si irrita quando non riceve abbastanza lodi o riconoscimenti, potrebbe essere un segnale di narcisismo. Ad esempio, possono iniziare a ignorarti o a svalutarti se non ricevano abbastanza attenzioni, cercando costantemente di monopolizzare le conversazioni e riportare il focus su di loro.

Strumenti pratici: Tieni un registro delle interazioni quotidiane. Annota gli episodi in cui ti senti svalutato, manipolato o messo sotto pressione per dare attenzione e riconoscimenti. Osservare questi schemi ripetitivi ti aiuterà a prendere consapevolezza e ti permetterà di riconoscere le dinamiche narcisistiche con maggiore facilità nel futuro. Questo registro diventerà un'arma preziosa per capire cosa scatena i comportamenti tossici e come proteggerti.

---

2. Riconoscere i Segnali Premonitori di una Relazione Tossica con un Narcisista

I narcisisti spesso mostrano segnali chiari di manipolazione fin dalle prime fasi di una relazione, che si tratti di una relazione sentimentale o professionale. Riconoscere questi segnali premonitori ti aiuterà a proteggerti prima che la relazione diventi troppo coinvolgente o tossica. Prestare attenzione a come il narcisista si comporta fin dall'inizio può salvarti da mesi o anni di difficoltà emotive.

Ecco i principali segnali di allarme:

Idealizzazione eccessiva: All'inizio di una relazione, il narcisista potrebbe riempirti di lodi esagerate, facendoti sentire speciale e perfetto. Potrebbero dirti frasi come "Non ho mai incontrato nessuno come te" o "Sei tutto quello che ho sempre voluto". Questo fa parte della fase di idealizzazione, ma è solo temporanea. La fase successiva sarà la svalutazione, che ti farà sentire confuso e insicuro.

Senso di colpa indotto: Un narcisista ha la capacità di farti sentire in colpa per cose di cui non hai alcuna responsabilità. Ad esempio, se qualcosa va storto, potrebbe dirti che è colpa tua perché non sei stato abbastanza attento o perché non hai capito le loro esigenze. Questo senso di colpa ingiustificato è una delle tecniche più potenti del narcisista per controllarti emotivamente. Il loro obiettivo è farti dubitare delle tue percezioni e farti credere di essere la causa di tutti i problemi della relazione.

Dipendenza emotiva: I narcisisti cercano di creare un legame di dipendenza emotiva, facendoti credere che solo loro possano soddisfare i tuoi bisogni emotivi. Ti isolano dal supporto esterno e ti fanno credere che tu abbia bisogno di loro per essere felice. Questo ti rende vulnerabile alle loro manipolazioni future. Un segnale di questo comportamento è quando iniziano a isolarti dai tuoi amici o familiari, criticandoli o insinuando che non ti capiscono quanto loro.

Strumenti pratici: Ogni volta che ti senti confuso o colpevole senza una ragione chiara, prenditi un momento per riflettere. Chiediti: "Questo senso di colpa è giustificato?" e "Le mie emozioni sono reali o indotte?". Utilizza un diario per annotare queste riflessioni e monitorare eventuali schemi di manipolazione. Questa consapevolezza ti aiuterà a smascherare le manipolazioni e a proteggere la tua salute emotiva.

3. Tecniche Pratiche per Prendere Consapevolezza delle Manipolazioni

Una delle abilità più importanti che devi sviluppare per proteggerti dai narcisisti è la consapevolezza delle manipolazioni. Riconoscere quando stai subendo un attacco manipolativo è fondamentale per evitare di esserne influenzato. Ecco alcune tecniche pratiche per allenarti a riconoscere le manipolazioni in tempo reale.

Ascolta attentamente le parole: Il linguaggio è uno strumento potente che il narcisista usa per manipolarti. Fai attenzione alle frasi ricorrenti come "Sei troppo sensibile", "Non capisci mai" o "Sto solo cercando di aiutarti". Questi sono segnali che il narcisista sta cercando di farti dubitare di te stesso o di ridurre il tuo valore. La prossima volta che ascolti frasi simili, non reagire immediatamente. Prenditi un momento per riflettere e analizzare le parole, chiedendoti se c'è un'intenzione nascosta dietro quel commento.

Monitorare il comportamento non verbale: Oltre al linguaggio, presta attenzione ai segnali non verbali. Un narcisista potrebbe usare il linguaggio del corpo per comunicare disprezzo o superiorità senza dirlo apertamente. Ad esempio, potrebbe assumere un'espressione di superiorità, incrociare le braccia o sospirare quando parli, cercando di farti sentire inadeguato. Nota questi segnali e annotali: sono sottili, ma altrettanto potenti.

Domande di autocontrollo: Durante le interazioni, poni a te stesso alcune domande per valutare se sei caduto nella trappola della manipolazione. Chiediti: "Sto agendo in base ai miei bisogni o sto cercando di compiacere per evitare un conflitto?" oppure "Questa conversazione mi fa sentire rispettato o svalutato?". Se la risposta è negativa, è probabile che tu stia affrontando una manipolazione.

Strumenti pratici: Ogni volta che ti senti confuso dopo un'interazione con un narcisista, analizza il linguaggio e il comportamento della persona. Tieni traccia delle frasi ricorrenti e delle tue reazioni emotive. Questo ti permetterà di sviluppare una maggiore consapevolezza delle dinamiche manipolative e di smascherarle sul nascere.

4. *Tecniche per Distanziarsi Emotivamente dalle Dinamiche Manipolative*

Una delle abilità più importanti che puoi sviluppare è imparare a distanziarti emotivamente dalle dinamiche manipolative senza creare conflitto. I narcisisti prosperano sulle reazioni emotive, quindi mantenere la calma e un distacco emotivo ridurrà il loro potere su di te. Ecco alcune tecniche per farlo.

Grey Rock Technique: Questa tecnica consiste nel diventare "noioso" durante le interazioni con un narcisista. Rispondi in modo distaccato e monotono, senza mostrare emozioni o reazioni particolari. Non fornire informazioni personali né spiegazioni dettagliate. Ad esempio, rispondi semplicemente con "Sì", "No" o "Capisco" a domande o provocazioni. Questo renderà meno interessante per il narcisista interagire con te, riducendo le opportunità di manipolazione.

Risposte assertive e neutre: Un altro modo per disinnescare le dinamiche manipolative è usare risposte assertive ma neutre. Usa frasi brevi e chiare come "Capisco il tuo punto di vista, ma non sono d'accordo" o "Non voglio discutere di questo ora". Evita di fornire spiegazioni dettagliate o di giustificare le tue scelte, poiché questo darà al narcisista più spazio per manipolarti.

Creare uno spazio di decompressione: Dopo ogni interazione con un narcisista, è importante prenderti del tempo per distanziarti mentalmente ed emotivamente. Dedica 10-15 minuti a una passeggiata, alla meditazione o a esercizi di respirazione profonda. Questo ti aiuterà a liberarti dalla tensione accumulata e a recuperare il controllo emotivo prima di passare al resto della giornata.

Strumenti pratici: Dopo ogni interazione con un narcisista, fai una breve riflessione su come ti senti e prendi nota di eventuali tensioni emotive. Pianifica di usare queste tecniche di distacco emotivo ogni volta che ti senti intrappolato in una dinamica manipolativa. Questo ti aiuterà a mantenere una prospettiva chiara e a evitare di essere trascinato in discussioni o conflitti inutili.

---

5. *Come Evitare di Attirare Narcisisti nelle Relazioni Future*

Dopo aver affrontato una relazione con un narcisista, è essenziale imparare a non attrarre persone simili nelle tue future relazioni. Una volta che hai riconosciuto i segnali del comportamento narcisistico, puoi evitare di ripetere certi schemi.

Impara a riconoscere le bandiere rosse: Fin dalle prime fasi di una nuova relazione, presta attenzione ai segnali iniziali di narcisismo. Questi possono includere un'attenzione eccessiva su se stessi, la mancanza di empatia per i tuoi sentimenti e il bisogno costante di essere al centro dell'attenzione. Se noti questi comportamenti, considera di allontanarti prima che la relazione diventi tossica.

Stabilisci confini chiari dall'inizio: Una delle cose più importanti che puoi fare è stabilire confini chiari fin dall'inizio di ogni nuova relazione. Comunica apertamente quali comportamenti non tollererai e come desideri essere trattato. Se qualcuno prova a ignorare o violare questi confini, allontanati immediatamente. I narcisisti cercheranno di testare i tuoi limiti, quindi è fondamentale essere chiari e fermi nelle tue richieste.

Conosci i tuoi bisogni emotivi: Per evitare di cadere nelle dinamiche narcisistiche, devi prima conoscere i tuoi bisogni emotivi. Identifica ciò che desideri in una relazione sana e impara a riconoscere quando una persona non soddisfa questi requisiti. Ad esempio, cerca di capire se il potenziale partner è in grado di offrire supporto emotivo e reciprocità, o se si concentra esclusivamente sui propri bisogni.

Strumenti pratici: Dopo ogni interazione con una persona nuova, riflettici su come ti senti. Prendi nota di eventuali segnali di manipolazione o comportamenti che ti mettono a disagio. Questa pratica ti aiuterà a sviluppare una maggiore consapevolezza delle persone che attrai e ti permetterà di evitare nuove relazioni tossiche prima che si sviluppino.

6. Proteggere il Proprio Benessere nelle Relazioni con Narcisisti

Essere coinvolto in una relazione con un narcisista può essere emotivamente logorante. È essenziale proteggere la tua salute mentale e mantenere il controllo delle tue emozioni. Ecco alcune strategie per farlo.

Autocura quotidiana: Ogni giorno, dedica almeno 15-20 minuti a fare qualcosa che ti rilassa e ti fa sentire bene, come la meditazione, una passeggiata, ascoltare musica o leggere un libro. Questi momenti di autocura ti aiutano a mantenere il benessere emotivo anche quando ti trovi sotto pressione a causa della relazione con il narcisista.

Rete di supporto: Circondati di persone che ti sostengono e con cui puoi parlare apertamente delle tue difficoltà. Avere una rete di supporto (amici, familiari o un terapeuta) ti offre un punto di riferimento esterno alla relazione tossica, aiutandoti a mantenere una prospettiva sana.

Distanza fisica e mentale: Quando possibile, crea uno spazio fisico lontano dal narcisista dove puoi rifugiarti. Questo potrebbe essere una stanza o un luogo che associ alla calma e alla sicurezza. Anche un breve distacco fisico, come una passeggiata, può aiutarti a decomprimere e recuperare il tuo equilibrio emotivo.

Strumenti pratici: Pianifica attività settimanali per il tuo benessere emotivo e stabilisci del tempo per riflettere. Ad esempio, ogni settimana prendi del tempo per stare con persone che ti fanno sentire bene e pianifica del tempo di riflessione solitaria per decomprimere dalle interazioni tossiche. Questo ti aiuterà a mantenere la tua resilienza emotiva nel lungo termine.

CAPITOLO 3. STABILIRE E RINFORZARE I CONFINI PERSONALI

Stabilire confini chiari e mantenerli nel tempo è essenziale quando si ha a che fare con un narcisista. I narcisisti tendono a violare i limiti degli altri per ottenere potere e controllo, manipolando le relazioni a proprio vantaggio. In questo capitolo, esploreremo sei tecniche pratiche per stabilire e rinforzare i confini personali, fornendo strumenti concreti che ti permetteranno di proteggerti e preservare il tuo benessere emotivo.

1. *Definire Chiaramente i Propri Confini Personali*

Il primo passo fondamentale per proteggersi dalle manipolazioni del narcisista è stabilire confini personali chiari. I confini rappresentano una linea invisibile che separa i tuoi bisogni, valori ed emozioni da quelli degli altri. Un confine definisce ciò che è accettabile e ciò che non lo è. I narcisisti, essendo profondamente egocentrici, tendono a ignorare o violare questi limiti per mantenere il controllo, spesso minando il tuo senso di autonomia e identità.

Per iniziare, è importante avere una visione chiara di quali sono i tuoi confini personali. Ecco un esercizio pratico di **autovalutazione**. Prendi un foglio e dividilo in due colonne: una dedicata ai **confini emotivi** e l'altra ai **confini fisici**. Nella colonna "confini emotivi", annota le situazioni in cui ti senti emotivamente sfruttato o manipolato. Ad esempio, pensa a momenti in cui sei stato criticato ingiustamente, sminuito o in cui qualcuno ha cercato di farti sentire in colpa per non aver soddisfatto le sue aspettative. Nella colonna "confini fisici", descrivi le situazioni in cui il tuo spazio fisico è stato violato, come quando qualcuno ha invaso la tua privacy, non ha rispettato i tuoi tempi o ha imposto la sua presenza in momenti inappropriati.

Come riconoscere le violazioni sottili dei confini: Spesso le violazioni dei confini possono essere molto sottili e difficili da notare immediatamente. I narcisisti, per esempio, possono fare battute sminuenti sotto forma di "scherzi", oppure utilizzare frasi che implicano che sei troppo sensibile o che stai esagerando. Altri segnali di violazione emotiva includono la minimizzazione dei tuoi successi, la mancata empatia per i tuoi sentimenti o la manipolazione del tuo senso di colpa. Riconoscere queste dinamiche è fondamentale per prevenire ulteriori danni.

Strumenti pratici: Una volta che hai identificato i tuoi confini, prepara delle **frasi specifiche** per proteggerli. Ecco alcuni esempi pratici:

- **Confini emotivi**: Se il narcisista cerca di manipolarti attraverso critiche velate o sminuenti, puoi rispondere con: "Non accetto critiche non costruttive. Se vuoi discutere in modo rispettoso, possiamo parlarne."

- **Confini fisici**: Se qualcuno invade il tuo spazio fisico o richiede la tua attenzione in momenti inopportuni, puoi dire: "Ho bisogno di un po' di tempo per me stesso. Ne possiamo parlare più tardi."

Come distinguere tra confini rigidi, flessibili e inesistenti: È importante riconoscere che i confini possono essere di vari tipi. Alcuni potrebbero essere troppo rigidi, limitando la tua capacità di connessione con gli altri, mentre altri potrebbero essere troppo flessibili, lasciandoti vulnerabile alla manipolazione. Identificare quale tipo di confine è necessario in ogni contesto è una chiave per una vita emotiva sana.

- **Confini rigidi**: Sono come mura di cemento, che proteggono ma possono isolare. Chi ha confini troppo rigidi potrebbe allontanare le persone, diventando inaccessibile anche nei rapporti sani.

- **Confini flessibili**: Questi permettono di mantenere una connessione con gli altri, pur proteggendo il proprio benessere. Sono ideali in situazioni in cui c'è fiducia reciproca.

- **Confini inesistenti**: Qui non c'è una linea chiara tra ciò che è accettabile e ciò che non lo è, e questo permette agli altri, soprattutto ai narcisisti, di manipolare e sfruttare.

Un passo fondamentale è capire dove ti trovi attualmente e lavorare per raggiungere confini

flessibili e sani, evitando sia quelli rigidi sia quelli inesistenti.

---

2. Allenare la Costanza nel Mantenere i Confini

Definire i confini è solo l'inizio. La vera sfida è **mantenerli** nel tempo, soprattutto quando il narcisista cercherà ripetutamente di superarli. Un comportamento comune del narcisista è quello di testare i confini per vedere se può manipolarti o farti cedere.

Per rinforzare la tua capacità di mantenere i confini, un esercizio utile è la **visualizzazione del confine**. Questo esercizio mentale ti aiuta a prepararti psicologicamente ad affrontare situazioni difficili. Ogni mattina, prima di iniziare la giornata, prenditi qualche minuto per visualizzare te stesso come una persona con confini chiari e ben definiti. Immagina una barriera invisibile che ti circonda e ti protegge da intrusioni emotive o fisiche. Poi, immagina le interazioni che potresti avere durante la giornata, in particolare quelle con persone difficili o manipolative. Visualizza te stesso mentre difendi i tuoi confini con sicurezza e calma.

Inoltre, una delle tecniche più efficaci per mantenere i confini è la **ripetizione del confine**. Quando il narcisista tenta di oltrepassare i tuoi limiti, non cedere e non lasciarti trascinare in lunghe spiegazioni. Mantieni la calma e ripeti la tua posizione, senza modificare il tono o il messaggio. Per esempio, se hai già detto: "Non voglio discutere di questo ora", e il narcisista insiste, ripeti semplicemente: "Come ho già detto, non voglio discutere di questo ora". La ripetizione coerente e pacata del confine riduce le possibilità che il narcisista possa manipolarti. Nel tempo, il narcisista capirà che non può superare i tuoi limiti e, di conseguenza, cercherà di evitare certi comportamenti.

Tecniche per gestire l'insistenza del narcisista: I narcisisti sono noti per la loro perseveranza nel cercare di manipolare e ottenere ciò che vogliono. Se insistono oltre il normale, evita di entrare in discussioni emotive. Usa frasi brevi come "Ho già risposto" o "Non ho intenzione di continuare questa conversazione". Queste risposte brevi e assertive indicano al narcisista che non cederai e che sei determinato a mantenere i tuoi confini.

Il ruolo del supporto esterno: Parlare dei tuoi confini con amici o familiari fidati può essere un valido aiuto. Avere persone che comprendono e supportano i tuoi limiti può darti forza quando ti trovi sotto pressione. Potresti anche considerare di coinvolgere queste persone nel monitoraggio della situazione, in modo che ti aiutino a mantenere i tuoi confini, soprattutto se il narcisista cerca di isolarti.

Strumenti pratici: Crea una **lista di situazioni** in cui in passato i tuoi confini sono stati violati e identifica delle **frasi standard** che puoi utilizzare per rinforzarli. L'allenamento a ripetere queste frasi ti permetterà di reagire con prontezza e sicurezza. Ad esempio, se una conversazione inizia a diventare offensiva o tossica, potresti dire: "Questa conversazione non è costruttiva per me, preferisco interromperla qui". Oppure, se il narcisista cerca di farti sentire in colpa per una decisione, potresti dire: "Capisco che tu abbia un'opinione diversa, ma devo rispettare i miei confini."

3. Rispondere con Assertività e Calma

Quando un narcisista cerca di infrangere i tuoi confini, la **comunicazione assertiva** è una delle tecniche più efficaci per mantenere il controllo. Essere assertivo significa esprimere i propri bisogni e sentimenti in modo chiaro e diretto, senza essere aggressivo o passivo.

Perché è così importante l'assertività? Essere assertivi ti permette di proteggerti senza compromettere la relazione o entrare in conflitto diretto. Quando rispondi con assertività, eviti di cadere nelle trappole emotive del narcisista, che spesso cerca di provocare una reazione aggressiva o passiva per manipolarti ulteriormente.

Un esercizio pratico che può esserti utile è l'uso delle **"I-Statements"** (frasi con "Io"). Questo tipo di frase ti aiuta a esprimere i tuoi sentimenti e i tuoi bisogni senza accusare direttamente l'altra persona. Ad esempio, invece di dire "Tu mi fai arrabbiare quando non ascolti", che può mettere l'altra persona sulla difensiva, puoi dire: "Io mi sento frustrato quando non mi sento ascoltato". Questo tipo di comunicazione riduce la possibilità di innescare una risposta difensiva o aggressiva e ti permette di mantenere la calma.

Dettagliare le frasi "I-Statements": Le "I-Statements" possono essere ulteriormente dettagliate in base alla situazione. Ad esempio:

- Se il narcisista ti accusa di qualcosa che non è vero, potresti dire: "Io mi sento frustrato quando le mie parole vengono fraintese. Preferirei chiarire la mia posizione."

- Se il narcisista cerca di farti sentire in colpa, una risposta efficace potrebbe essere: "Io mi sento responsabile dei miei sentimenti, ma non posso essere responsabile per i tuoi."

In questo modo, mantieni il controllo della conversazione senza entrare in un conflitto diretto.

Come evitare i conflitti emozionali: I narcisisti spesso cercano di scatenare conflitti emotivi per metterti alla prova o per cercare di controllarti. Quando ti accorgi che la conversazione sta prendendo una piega emotivamente intensa, una tecnica utile è quella di **prendere una pausa**. Potresti dire: "Non mi sento in grado di continuare questa conversazione in questo momento. Ne parleremo quando sarò più tranquillo". Questo ti dà il tempo di raccogliere i tuoi pensieri e di rispondere in modo più calmo e razionale.

Strumenti pratici: La prossima volta che ti trovi in una situazione in cui un narcisista cerca di infrangere i tuoi confini, usa una **frase assertiva** come: "Io mi sento a disagio quando i miei confini non vengono rispettati. Preferisco non continuare questa discussione in questi termini". Mantieni la tua posizione ferma, ma evita di cadere in ulteriori discussioni o di giustificarti eccessivamente. L'assertività ti permette di mantenere il controllo e di proteggere i tuoi confini senza entrare in conflitti distruttivi.

---

4. Creare un Piano di Emergenza per i Confini

Un narcisista non reagirà sempre bene quando incontra un confine ben definito. In alcuni casi, potrebbero cercare di manipolarti o forzarti a cambiare posizione, con tattiche che vanno dalla rabbia alla manipolazione emotiva. Per essere preparato a queste situazioni, è utile creare un **piano di emergenza per i confini**, un piano che ti aiuterà a mantenere la calma e il controllo.

Come creare un piano di emergenza: Inizia creando una lista di **potenziali reazioni** che il narcisista potrebbe avere quando imponi un confine. Ecco alcuni esempi di reazioni comuni:

- **Reazioni aggressive**: Il narcisista potrebbe alzare la voce, insultarti o cercare di farti sentire inferiore. In questi casi, mantieni la calma e usa frasi brevi e assertive come: "Non risponderò a tono aggressivo".

- **Manipolazione emotiva**: Potrebbero cercare di farti sentire in colpa, dicendo cose come: "Non mi importa più nulla di te" o "Non ti preoccupi di me". In questo caso, rispondi con: "Mi dispiace che ti senta così, ma ho bisogno di mantenere questo confine."

- **Ignorare il confine**: Se il narcisista ignora il tuo confine e continua a fare ciò che gli hai chiesto di interrompere, ribadisci con fermezza: "Ho già espresso chiaramente la mia posizione e non cambierà."

Prepararsi alle reazioni emotive del narcisista: I narcisisti spesso reagiscono emotivamente, cercando di manipolare le tue emozioni. Se reagiscono con rabbia, cerca di mantenere la calma e non reagire impulsivamente. Un buon piano di emergenza include anche sapere quando **prendere una pausa** o allontanarsi temporaneamente dalla conversazione. Potresti dire: "Questa conversazione non sta portando a nulla di positivo. Parleremo più tardi."

Strumenti pratici: Prepara una lista di risposte assertive per ogni possibile reazione del narcisista. Avere pronte queste risposte ti aiuterà a mantenere il controllo e a proteggere i tuoi confini in situazioni di stress. Un buon piano di emergenza potrebbe includere anche il coinvolgimento di terzi (amici o familiari) se la situazione diventa particolarmente difficile. Non esitare a chiedere aiuto quando senti che il narcisista sta cercando di oltrepassare i tuoi limiti.

---

5. Proteggere i Confini Emotivi con la Distanza Emotiva

Quando un narcisista cerca di violare i tuoi confini emotivi, è fondamentale imparare a **prendere le distanze emotive** dalla situazione. Spesso, i narcisisti cercheranno di provocarti emotivamente per ottenere una reazione che possano usare contro di te. Mantenere il controllo delle tue emozioni è cruciale per non cadere nella loro trappola.

Una delle tecniche più efficaci per proteggere i tuoi confini emotivi è il **grounding emotivo**. Quando senti che il narcisista sta cercando di provocarti o di manipolarti, prendi un momento per concentrarti sulla tua respirazione. Inspira profondamente per 4 secondi, trattieni il respiro per 4 secondi, e poi espira lentamente. Questo esercizio di respirazione aiuta a riportarti nel momento presente, riducendo lo stress e l'ansia immediati.

Esercizi avanzati di grounding emotivo: Oltre alla respirazione, puoi anche usare tecniche come:

- **Concentrarti su ciò che senti fisicamente**: Tocca un oggetto vicino e concentrati sulla sua consistenza e temperatura. Questo ti aiuta a distogliere l'attenzione dalle emozioni e a riportare il focus sul presente.

- **Visualizzazione calmante**: Immagina un luogo sicuro e rilassante, come una spiaggia o una foresta. Questo ti aiuterà a prendere le distanze dalla situazione emotiva.

Un'altra tecnica utile è il **distacco emotivo**. Immagina di essere un osservatore esterno che guarda la situazione dall'alto. Visualizzati come una persona neutrale che osserva l'interazione senza farsi coinvolgere emotivamente. Questo ti permetterà di mantenere la calma e di rispondere in modo assertivo senza farti coinvolgere emotivamente.

Strategie per interrompere i cicli emotivi: Quando il narcisista cerca di suscitare in te emozioni forti come rabbia, frustrazione o senso di colpa, uno dei modi migliori per reagire è **interrompere il ciclo emotivo**. Allontanati dalla situazione fisicamente se necessario, o interrompi la conversazione con una frase come: "Non sono pronto a discutere questo argomento adesso. Riparliamone più tardi." Questo ti darà il tempo di decomprimere e riflettere su come vuoi rispondere, senza lasciarti trasportare dall'emozione del momento.

Strumenti pratici: Ogni volta che senti che il narcisista sta violando un tuo confine emotivo, prendi un momento per **praticare il grounding** o il **distacco emotivo**. Concentrati sulla tua respirazione o su ciò che ti circonda, e ricordati che puoi scegliere come reagire. Non sei obbligato a rispondere immediatamente, e prenderti del tempo per riflettere ti permetterà di mantenere il controllo delle tue emozioni.

---

6. Riconoscere e Rispondere alla Manipolazione dei Confini

Uno dei comportamenti più comuni del narcisista è cercare di **manipolare i tuoi confini.** Questo può avvenire in modo sottile, attraverso frasi che ti fanno dubitare delle tue percezioni, o in modo diretto, tentando di convincerti a cambiare o ridurre i tuoi limiti.

Il gaslighting è una tecnica di manipolazione emotiva in cui il narcisista cerca di farti dubitare della tua realtà. Potrebbero dirti frasi come "Stai esagerando" o "Sei troppo sensibile". Lo scopo è farti credere che stai reagendo in modo irrazionale e che i tuoi confini non siano legittimi. Quando riconosci questo tipo di manipolazione, è fondamentale **non lasciarti influenzare**. Rispondi con calma e determinazione, affermando che i tuoi confini sono importanti per il tuo benessere.

Un'altra tattica comune è la **minimizzazione dei tuoi bisogni**. Il narcisista potrebbe cercare di farti sentire come se i tuoi confini fossero insignificanti, dicendo cose come "Non è un problema così grave" o "Stai facendo una tempesta in un bicchier d'acqua". Questo è un altro modo per cercare di farti abbassare i tuoi standard. In questi casi, è importante rimanere fermi e non lasciare che il narcisista riduca l'importanza dei tuoi confini.

Tecniche di resistenza psicologica: Per evitare di cadere nelle manipolazioni, è essenziale sviluppare una **resistenza psicologica**. Questo significa imparare a fidarti delle tue percezioni e delle tue emozioni, senza lasciarti influenzare dalle opinioni del narcisista. Mantenere un diario delle tue interazioni può essere utile per monitorare se e come i tuoi confini vengono messi in discussione. Questo ti aiuterà a riconoscere i modelli di manipolazione e a evitare di cedere.

Gestire il gaslighting a lungo termine: Se il gaslighting diventa una dinamica costante, è importante proteggerti tenendo traccia delle tue interazioni. Scrivi in un diario ogni volta che il narcisista cerca di farti dubitare della tua realtà. Rileggendo queste note, potrai confermare che i tuoi confini sono validi e che il tentativo del narcisista è solo una forma di manipolazione.

Strumenti pratici: Quando noti che il narcisista sta cercando di manipolare i tuoi confini, usa frasi come: "I miei confini non sono negoziabili" o "Questo è importante per il mio benessere". Mantenere una comunicazione chiara e ferma ti permetterà di evitare che il narcisista prenda il controllo della situazione. Prendi nota delle loro tecniche manipolative per imparare a riconoscerle e sviluppare una resistenza emotiva che ti permetterà di mantenere la tua integrità.

CAPITOLO 4. TECNICHE DI COMUNICAZIONE EFFICACI CON I NARCISISTI

Comunicare con un narcisista può essere estremamente complesso e frustrante. Queste persone tendono a manipolare, deviare le conversazioni e cercare di destabilizzare emotivamente il loro interlocutore. Per questo motivo, è fondamentale imparare tecniche di comunicazione efficaci che ti permettano di gestire le conversazioni difficili senza cadere nelle trappole emotive che il narcisista spesso prepara. In questo capitolo, ti fornirò sei strategie pratiche per comunicare in modo assertivo e proteggere il tuo benessere emotivo durante le interazioni con un narcisista.

1. Riconoscere le Trappole della Comunicazione con un Narcisista

Uno dei principali ostacoli nelle conversazioni con un narcisista è evitare di cadere nelle sue trappole di manipolazione. Il narcisista ha un talento innato per distorcere le situazioni, ribaltare la realtà a proprio vantaggio e utilizzare tattiche sottili per mantenere il controllo. Per proteggersi, è fondamentale imparare a riconoscere queste trappole e agire di conseguenza, senza lasciarsi coinvolgere emotivamente.

Come riconoscere le trappole comuni:

- **Colpevolizzazione**: Una delle tattiche più comuni è la colpevolizzazione, in cui il narcisista ti fa sentire responsabile per problemi che non hai causato. Potrebbe dire cose come "È sempre colpa tua se le cose non vanno bene" o "Se solo ti impegnassi di più, non avremmo questi problemi". Queste frasi sono progettate per farti sentire in colpa, per spingerti a fare ciò che il narcisista desidera.

- **Gaslighting**: Questo è uno dei metodi di manipolazione più insidiosi, in cui il narcisista cerca di farti dubitare delle tue percezioni e della tua sanità mentale. Potrebbero dirti: "Sei sicuro che è successo così? Mi sembra che tu stia esagerando" o "Hai una memoria selettiva, non ricordi le cose correttamente". Il gaslighting ti fa sentire confuso e insicuro, indebolendo la tua capacità di difenderti.

- **Proiezione**: In questo caso, il narcisista proietta su di te i propri difetti o colpe, accusandoti di fare ciò che in realtà sta facendo lui. Se, ad esempio, il narcisista è infedele o manipolatore, potrebbe accusarti di essere tu quello che mente o manipola la situazione.

Strumenti pratici:

- **Prendere una pausa**: Quando ti trovi in una conversazione in cui il narcisista inizia a utilizzare queste tattiche, il primo passo è non reagire immediatamente. Prendi una pausa. Respirare profondamente per alcuni secondi ti darà il tempo di valutare la situazione con chiarezza. Puoi dire: "Ho bisogno di un momento per riflettere" o "Vorrei pensarci su prima di rispondere". Questo ti protegge dalle risposte impulsive e ti permette di non cadere nelle sue trappole manipolative.

- **Tenere un diario**: Un metodo molto utile è tenere traccia delle conversazioni. Scrivi le interazioni in cui senti che il narcisista ha cercato di manipolarti. Questo ti aiuterà a individuare i pattern ricorrenti e a verificare che le tue percezioni sono valide, riducendo il potere del gaslighting.

Con questi strumenti, riuscirai a mantenere il controllo senza lasciarti coinvolgere emotivamente nelle tattiche manipolative del narcisista.

2. Utilizzare la Comunicazione Assertiva: Dire No con Fermezza

Una delle sfide più grandi quando si interagisce con un narcisista è riuscire a **dire no** in modo fermo e assertivo. I narcisisti sono abili nel manipolare gli altri affinché si sottomettano ai loro desideri, sfruttando la paura del conflitto o il senso di colpa. Per questo, saper dire "no" in modo assertivo è una delle armi più potenti che puoi sviluppare.

Perché è importante dire no: Dire "no" a un narcisista può far emergere reazioni di rabbia o manipolazione emotiva, poiché loro vedono il rifiuto come una minaccia al loro controllo. Tuttavia, è essenziale non farsi intimorire. Dire "no" significa affermare il proprio diritto di decidere per sé stessi, senza sentirsi obbligati a soddisfare i bisogni altrui. È un atto di autodifesa.

Ecco alcune tecniche pratiche per dire "no" in modo efficace:

- **Risposte brevi e dirette**: Evita di entrare in lunghi discorsi o spiegazioni quando dici "no". Più ti giustifichi, più il narcisista cercherà di trovare punti deboli per convincerti a cambiare idea. Usa frasi semplici come: "No, non posso farlo" o "Non sono d'accordo".

- **Evitare giustificazioni eccessive**: Il narcisista potrebbe chiederti di spiegare il tuo "no", sperando di manipolarti per farti cambiare idea. Non devi giustificarti oltre il necessario. Una frase come: "Ho già preso la mia decisione" è sufficiente e non apre spazio a ulteriori discussioni.

- **Rimanere calmi e neutrali**: Il narcisista può cercare di provocarti emotivamente per farti perdere la calma. Mantenere un tono calmo e neutrale è fondamentale per evitare che la conversazione sfoci in un conflitto emotivo. Il tuo obiettivo non è convincere il narcisista, ma proteggere te stesso.

Strumenti pratici:

- **Fare pratica**: Se hai difficoltà a dire "no", un esercizio utile è simulare delle conversazioni con una persona di fiducia o davanti allo specchio. Immagina una situazione in cui il narcisista ti chiede qualcosa di irragionevole e rispondi con un "no" fermo e chiaro. Ripetere questa pratica ti aiuterà a sentirti più sicuro quando dovrai affrontare una conversazione reale.

- **Tenere traccia delle tue risposte**: Ogni volta che dici "no" a un narcisista e riesci a mantenere la tua posizione, prendi nota di come ti sei sentito e cosa hai imparato dall'esperienza. Questo rafforza la tua fiducia nel fatto che sei in grado di proteggere i tuoi confini.

3. *Ridurre l'Impatto Emotivo delle Conversazioni*

Le conversazioni con un narcisista possono essere particolarmente **emotivamente cariche**. Il narcisista utilizza tattiche sottili per suscitare in te emozioni forti come la rabbia, il senso di colpa o la frustrazione. Queste emozioni sono strumenti che il narcisista usa per mantenere il controllo su di te. Perciò, una delle abilità più importanti che puoi sviluppare è imparare a ridurre l'impatto emotivo delle interazioni, mantenendo il controllo delle tue reazioni.

Come ridurre l'impatto emotivo:

- **Grounding emotivo**: Una tecnica estremamente utile è il **grounding emotivo**, che ti aiuta a rimanere centrato nel presente. Quando ti senti sopraffatto da una conversazione, prendi un momento per concentrarti sulla tua respirazione. Respira profondamente, trattieni il respiro per alcuni secondi e poi espira lentamente. Questo semplice esercizio aiuta a calmare il sistema nervoso e ridurre l'impatto emotivo immediato.

- **Distacco emotivo**: Oltre al grounding, il **distacco emotivo** è un'altra tecnica essenziale. Immagina di osservare la conversazione dall'esterno, come se fossi un osservatore neutrale. Visualizzati come una persona che guarda l'interazione senza farsi coinvolgere emotivamente. Questo ti aiuterà a mantenere una prospettiva chiara e a non reagire d'impulso.

- **Non prendere le cose sul personale**: Una delle chiavi per ridurre l'impatto emotivo delle conversazioni con un narcisista è non prendere ciò che viene detto come un attacco personale. Il narcisista potrebbe dire cose che feriscono, ma è importante ricordare che il suo comportamento riflette i suoi problemi, non i tuoi.

Strumenti pratici:

- **Esercizi di respirazione**: Durante una conversazione difficile, quando senti che le tue emozioni stanno crescendo, fai una pausa e pratica l'esercizio di respirazione. Inspira lentamente per 4 secondi, trattieni per 4 secondi ed espira per altri 4 secondi. Questa tecnica ti aiuterà a calmarti e a non reagire d'impulso.

- **Diario delle conversazioni**: Dopo ogni conversazione con un narcisista, scrivi cosa è successo e come ti sei sentito. Riflettere sulle interazioni ti aiuterà a notare quali sono le tue reazioni emotive e come puoi migliorare nel gestirle.

Con il tempo e la pratica, riuscirai a ridurre l'impatto emotivo delle conversazioni con i narcisisti, mantenendo il controllo delle tue emozioni e rispondendo in modo più calmo e lucido.

4. Come Evitare il Conflitto Inutile

Il narcisista si nutre del conflitto. La tensione e il dramma gli danno potere, permettendogli di manipolare la situazione a proprio favore. Per evitare di cadere in discussioni inutili e logoranti, devi imparare a **disinnescare** il conflitto prima che si sviluppi.

Evitare il conflitto non significa essere passivi, ma piuttosto evitare di entrare in discussioni che non portano a soluzioni o miglioramenti. Ecco come farlo in modo pratico:

- **Risposte neutrali e disarmanti**: Quando il narcisista cerca di provocarti, usa frasi che disarmano il conflitto senza alimentarlo ulteriormente. Ad esempio, puoi dire: "Capisco il tuo punto di vista" o "Preferisco non discutere di questo ora". Queste risposte non danno spazio a ulteriori discussioni e non ti coinvolgono emotivamente.

- **Stabilire limiti chiari nelle discussioni**: Se il narcisista insiste nel cercare il conflitto, è importante stabilire limiti chiari. Puoi dire: "Non continuerò questa discussione se non è rispettosa" o "Non mi sento a mio agio a parlare di questo argomento in questo momento". Stabilire limiti nelle conversazioni ti aiuta a mantenere il controllo e a evitare che il narcisista ti trascini in discussioni inutili.

- **Riconoscere quando il conflitto è inevitabile**: A volte, non importa quanto ci si sforzi, il narcisista cercherà comunque il conflitto. In questi casi, è importante saper riconoscere quando una discussione non porterà a nulla e decidere di non proseguire. Dire: "Non vedo il senso di continuare questa conversazione" può aiutarti a evitare di sprecare energie in discussioni infruttuose.

Strumenti pratici:

- **Prepara risposte standard**: Un modo efficace per disinnescare il conflitto è preparare in anticipo alcune risposte standard. Ad esempio, potresti usare frasi come: "Non sono d'accordo, ma rispetto la tua opinione" o "Preferisco non parlare di questo ora". Ripetere queste frasi ogni volta che il narcisista cerca di provocarti ridurrà le opportunità di conflitto.

- **Controllare le emozioni**: Il narcisista cercherà di provocare reazioni emotive. Fai pratica nel controllare le tue emozioni, utilizzando il grounding o il distacco emotivo per mantenere la calma. Più riesci a gestire le tue emozioni, meno potere avrà il narcisista di coinvolgerti nel conflitto.

---

5. Usare la Tecnica del "Grey Rock" per il Distacco Emotivo

La tecnica del **"grey rock"** è una delle strategie più potenti per ridurre l'impatto emotivo che il narcisista può avere su di te. L'obiettivo del grey rock è diventare noioso e distaccato, proprio come un sasso grigio. In questo modo, il narcisista perde interesse, poiché non riceve l'alimentazione emotiva di cui ha bisogno.

Come applicare la tecnica del grey rock:

- **Risposte brevi e monotone**: Quando il narcisista ti provoca o ti fa domande, rispondi con frasi brevi e senza emozioni. Ad esempio, "Sì", "No" o "Forse". Non fornire dettagli o spiegazioni, e cerca di mantenere un tono piatto e neutrale.

- **Evitare discussioni emotive**: Non condividere le tue emozioni o dettagli personali durante la conversazione. Più dai al narcisista informazioni su di te, più potrà usarle contro di te. Mantenere le conversazioni superficiali e prive di emozioni è la chiave del grey rock.

- **Non mostrare reazioni emotive**: Se il narcisista cerca di provocarti, non reagire. Mantieni la calma e continua a rispondere in modo noioso e monotono. Questo disincentiverà il narcisista dal cercare ulteriori provocazioni, poiché non otterrà la reazione che desidera.

Strumenti pratici:

- **Allenati con la tecnica**: Prova a utilizzare il grey rock in situazioni sociali meno stressanti prima di applicarla con il narcisista. Più ti eserciti a rispondere in modo neutrale e noioso, più sarà facile farlo nelle conversazioni difficili.

- **Pianifica le risposte in anticipo**: Prima di una conversazione con il narcisista, pianifica in anticipo alcune risposte monotone che puoi usare. Preparare frasi come "Forse" o "Non lo so" ti aiuterà a rimanere distaccato e a evitare di essere coinvolto emotivamente.

---

6. Stabilire Limiti Chiari durante le Conversazioni

Stabilire e far rispettare **limiti chiari** è fondamentale per proteggerti dalle manipolazioni del narcisista. Se non imponi limiti, il narcisista continuerà a superare i tuoi confini emotivi e psicologici. È importante imparare a stabilire i limiti e agire quando vengono superati.

Come stabilire limiti chiari:

- **Decidere i tuoi limiti in anticipo**: Prima di una conversazione difficile, decidi quali sono i limiti che non sei disposto a oltrepassare. Ad esempio, potresti decidere di non tollerare insulti o accuse ingiustificate. Avere chiari i tuoi limiti ti aiuterà a reagire prontamente quando vengono superati.

- **Esprimere i limiti in modo assertivo**: Se il narcisista oltrepassa un limite, devi essere pronto a intervenire immediatamente. Usa frasi assertive come: "Non tollero questo tipo di comportamento" o "Se continui a parlarmi in questo modo, interromperò la conversazione".

- **Agire quando i limiti vengono superati**: Se il narcisista continua a superare i tuoi limiti, devi essere coerente e mettere in pratica ciò che hai detto. Se hai minacciato di interrompere la conversazione, fallo. Questo dimostra che prendi sul serio i tuoi confini e non permetti che vengano ignorati.

Strumenti pratici:

- **Stabilisci un piano d'azione**: Prima di una conversazione con il narcisista, stabilisci un piano su come reagire se vengono superati i tuoi limiti. Sapere in anticipo cosa fare ti permetterà di agire con sicurezza e fermezza.

- **Riflettere sui limiti violati**: Dopo ogni conversazione, rifletti su quali limiti sono stati rispettati e quali no. Questo ti aiuterà a identificare le

CAPITOLO 5. RAFFORZARE IL SÉ: AUTOSTIMA E RESILIENZA EMOTIVA

Le relazioni con individui narcisisti spesso lasciano segni profondi sull'autostima e sulla fiducia in se stessi. Dopo una relazione manipolativa e svalutante, può sembrare difficile ricostruire il proprio senso di valore personale e mantenere una forte identità. Tuttavia, con gli strumenti giusti, è possibile riprendere il controllo della propria vita emotiva e sviluppare una solida resilienza per affrontare il futuro senza ricadere nelle stesse dinamiche tossiche. Questo capitolo ti guiderà attraverso una serie di esercizi pratici progettati per rafforzare il tuo sé e sviluppare la tua capacità di resistere alle manipolazioni emotive

1. *Diario della Fiducia in Se Stessi: Riconoscere i Propri Successi*

Dopo una relazione con un narcisista, è comune sentirsi insicuri e pieni di dubbi su se stessi. Il narcisista spesso usa tecniche di svalutazione e manipolazione per minare la tua autostima, facendoti credere di non essere abbastanza o che i tuoi successi non abbiano valore. Per contrastare questi effetti e ricostruire la tua fiducia, uno strumento efficace è il **diario della fiducia in se stessi**.

Come fare:

- Ogni sera, prenditi **5-10 minuti** per riflettere sulla tua giornata e annotare **tre cose positive** che hai fatto o realizzato. Non devono essere eventi straordinari: possono essere piccoli traguardi come prendere una decisione difficile, finire un compito o essere gentile con qualcuno. L'importante è riconoscere che, nonostante tutto, continui a fare progressi.

- In aggiunta, identifica **tre qualità positive** che hai dimostrato durante la giornata. Questi tratti possono essere la pazienza, la determinazione, la creatività o qualsiasi altra caratteristica che senti di aver messo in pratica.

- Alla fine della settimana, prendi del tempo per rileggere tutto ciò che hai scritto. Riflettere sui successi quotidiani e sulle tue qualità rafforza la tua percezione di valore personale e ti aiuta a focalizzarti su ciò che fai di buono, piuttosto che sulle critiche ingiuste ricevute in passato.

Strumenti pratici:

- Inizia con l'impegno di tenere il diario per **un mese**. Dopo ogni settimana, osserva come è cambiata la tua percezione di te stesso. Questo processo ti aiuterà a spostare l'attenzione dal passato doloroso e dalle critiche del narcisista verso una visione più equilibrata e positiva di chi sei realmente.

- Usa il diario anche nei momenti di insicurezza: quando ti senti giù, rileggi le voci passate per ricordarti dei tuoi progressi e delle tue capacità.

Questo esercizio è particolarmente efficace perché ti costringe a cercare il positivo nella tua vita, anche quando ti sembra che tutto sia difficile. Con il tempo, noterai che la tua fiducia in te stesso cresce man mano che riconosci e valorizzi i tuoi successi quotidiani.

2. Esercizio di Visualizzazione: Rafforzare la Tua Identità

Le relazioni narcisistiche possono alterare profondamente la percezione di te stesso. Il continuo confronto con un partner che ti svaluta e sminuisce può farti perdere il senso di chi sei e di cosa vuoi. Un modo per contrastare questa distorsione è usare la **visualizzazione** come strumento per rafforzare la tua identità.

La visualizzazione è una tecnica potente che ti permette di vedere te stesso in una luce positiva, immaginando situazioni future in cui ti senti forte, sicuro e in controllo. Questo esercizio ti aiuterà a stabilire una nuova immagine di te stesso, separata dalle critiche e dai giudizi manipolativi del narcisista.

Come fare:

- Trova un posto tranquillo dove puoi rilassarti senza essere disturbato per almeno 10 minuti. Chiudi gli occhi e inizia a **respirare**

profondamente, cercando di liberare la mente dai pensieri negativi.

- Immagina te stesso in una situazione futura che ti ispira. Ad esempio, potresti visualizzarti mentre parli con sicurezza davanti a un gruppo di persone, gestisci una situazione difficile con calma e determinazione, o prendi decisioni importanti per la tua vita senza esitazione.

- Focalizzati su ogni dettaglio: come ti senti in quel momento, quali emozioni stai provando, come interagisci con gli altri. Più è precisa la visualizzazione, più sarà efficace. Immagina te stesso **pieno di sicurezza**, con una voce forte e chiara e una postura rilassata ma decisa.

- Ripeti questo esercizio ogni giorno. Ogni volta che ti senti insicuro o dubbioso su te stesso, torna alla visualizzazione per ricordarti chi sei veramente e cosa puoi fare.

Strumenti pratici:

- Dopo ogni sessione di visualizzazione, scrivi nel tuo diario cosa hai visualizzato e come ti sei sentito. Nel tempo, potrai confrontare le tue esperienze e vedere come questa pratica ti aiuta a sviluppare una visione di te stesso più positiva e sicura.

- Usa la visualizzazione anche per prepararti a situazioni reali che possono essere difficili. Ad esempio, se devi affrontare una conversazione con qualcuno che ti mette a disagio, visualizzati mentre mantieni la calma e gestisci la situazione con assertività.

Questo esercizio non solo ti aiuta a costruire una visione positiva di te stesso, ma ti prepara anche mentalmente per affrontare le sfide della vita con maggiore sicurezza.

3. Tecnica della Frase Positiva: Sostituire le Autocritiche con Affermazioni Potenzianti

Uno degli effetti collaterali più comuni delle relazioni con un narcisista è sviluppare una **voce interna critica**. Spesso, le parole svalutanti del narcisista diventano parte della tua narrazione interna, portandoti a ripetere frasi negative su te stesso. Per spezzare questo ciclo, è utile utilizzare la **tecnica delle affermazioni positive**, che consiste nel sostituire i pensieri negativi con frasi potenzianti.

Come fare:

- Inizia identificando i tuoi pensieri negativi più ricorrenti. Questi potrebbero includere frasi come "Non sono abbastanza bravo", "Non merito di essere felice" o "È tutta colpa mia se le cose vanno male".

- Una volta identificati, trasforma questi pensieri in **affermazioni positive**. Ad esempio, sostituisci "Non sono abbastanza bravo" con "Faccio del mio meglio e questo è sufficiente". Sostituisci "È colpa mia" con "Sto imparando e merito rispetto".

- Scrivi queste affermazioni positive su un foglio o su post-it che puoi attaccare in luoghi visibili, come lo specchio del bagno o la scrivania. Ogni volta che passi di lì, ripeti l'affermazione a voce alta.

- Fai pratica con queste affermazioni ogni giorno, specialmente nei momenti in cui ti accorgi di avere pensieri negativi. Più ripeti le frasi positive, più la tua mente inizierà a sostituire le vecchie convinzioni limitanti con nuovi pensieri potenzianti.

Strumenti pratici:

- Ogni volta che ti accorgi di avere un pensiero negativo, scrivilo e sostituiscilo immediatamente con un'affermazione positiva. Ripeti questa nuova affermazione almeno **dieci volte al giorno** finché non inizia a diventare naturale.

- Tieni un diario delle tue affermazioni e nota i cambiamenti nel tuo atteggiamento mentale. Man mano che sostituisci le vecchie credenze limitanti con quelle potenzianti, noterai un miglioramento nella tua autostima e nella tua capacità di affrontare le sfide.

Con il tempo, le frasi positive diventeranno parte del tuo dialogo interno, aiutandoti a eliminare l'autocritica e a sviluppare una visione più amorevole e compassionevole di te stesso.

4. *Rinforzare i Confini Personali: Esercizi di Autoprotezione*

Una delle conseguenze più comuni delle relazioni narcisistiche è la perdita di confini personali sani. Il narcisista spesso invade i tuoi spazi emotivi e psicologici, facendoti sentire responsabile per i suoi bisogni e manipolandoti affinché tu metta da parte i tuoi desideri. Ricostruire e mantenere **confini solidi** è fondamentale per evitare di cadere di nuovo in dinamiche manipolative.

Come fare:

- **Identifica i tuoi confini**: Prenditi del tempo per riflettere su ciò che ti fa sentire a disagio nelle relazioni. Questi potrebbero essere insulti, critiche non costruttive, richieste eccessive di attenzione o invasioni del tuo spazio personale.

- Una volta identificati, inizia a stabilire **frasi assertive** per esprimere questi confini. Ad esempio, potresti dire: "Non mi sento a mio agio con questo comportamento" o "Ho bisogno di più tempo per me stesso".

- Pratica l'assertività nella vita quotidiana. Se qualcuno cerca di oltrepassare i tuoi confini, rispondi con calma e fermezza. Non sentirti obbligato a spiegarti troppo: una frase semplice e diretta è spesso la risposta migliore.

Strumenti pratici:

- Scrivi una lista di **risposte standard** che puoi utilizzare quando qualcuno tenta di superare i tuoi confini. Queste frasi ti aiuteranno a rimanere coerente e a proteggere il tuo spazio emotivo.

- Esercitati a usare queste risposte in situazioni meno critiche, come in una conversazione con un amico o un collega. Più pratichi, più sarà facile applicare questi strumenti anche nelle situazioni più stressanti.

Stabilire e mantenere i confini non solo protegge il tuo benessere, ma rafforza anche la tua identità e ti permette di mantenere il controllo della tua vita emotiva.

5. *Resilienza Emotiva: Esercizi di Mindfulness per Gestire lo Stress*

Le relazioni narcisistiche possono lasciare segni profondi sulla tua capacità di gestire lo stress e le emozioni difficili. Sviluppare la **resilienza emotiva** è fondamentale per superare i momenti di difficoltà senza farti sopraffare. La mindfulness è uno strumento efficace per allenare la tua mente a rimanere calma e centrata anche nelle situazioni più stressanti.

Come fare:

- Ogni giorno, dedica **5-10 minuti** a un esercizio di mindfulness. Trova un posto tranquillo dove puoi sederti comodamente. Chiudi gli occhi e inizia a concentrarti sul tuo respiro. Inspira profondamente, trattieni il respiro per qualche secondo ed espira lentamente. Cerca di mantenere l'attenzione sul respiro senza lasciarti distrarre dai pensieri.

- Quando i pensieri negativi o ansiosi emergono, non cercare di allontanarli. Osserva semplicemente i pensieri e lasciali passare, riportando la tua attenzione al respiro. Questo ti aiuterà a sviluppare la capacità di **osservare le emozioni** senza farti travolgere da esse.

- Pratica la mindfulness anche durante le attività quotidiane. Ad esempio, mentre cammini, fai attenzione alle sensazioni del tuo corpo o al suono dei tuoi passi. Questo ti aiuta a rimanere presente e a non farti prendere dall'ansia del passato o del futuro.

Strumenti pratici:

- Integra la mindfulness nella tua routine quotidiana. Puoi iniziare con **5 minuti al giorno** e aumentare gradualmente il tempo. Quando affronti una situazione stressante, prova a fare una breve pausa per concentrarti sul respiro e riportare la calma.

- Tieni un diario delle tue esperienze di mindfulness. Dopo ogni sessione, scrivi come ti sei sentito prima e dopo. Questo ti aiuterà a monitorare i progressi e a sviluppare una maggiore consapevolezza di come gestire le tue emozioni.

Con il tempo, la mindfulness ti aiuterà a costruire una resilienza emotiva solida, permettendoti di affrontare lo stress e le difficoltà con maggiore equilibrio.

6. Evitare la Dipendenza Emotiva: Costruire una Rete di Supporto

Una delle dinamiche più pericolose delle relazioni narcisistiche è la **dipendenza emotiva**. Il narcisista spesso isola la sua vittima e la rende dipendente dalla sua approvazione. Per evitare di ricadere in questa trappola in futuro, è fondamentale costruire una **rete di supporto sana** e sviluppare la capacità di essere emotivamente autonomo.

Come fare:

- Identifica le persone nella tua vita che ti sostengono in modo positivo. Queste persone ti ascoltano senza giudicare, rispettano i tuoi confini e vogliono il tuo bene. Potrebbero essere amici, familiari o anche un terapeuta.

- Dedica tempo ed energia a coltivare queste relazioni. Organizza incontri regolari, condividi i tuoi pensieri e le tue emozioni apertamente e permetti a queste persone di sostenerti nei momenti difficili. Una rete di supporto forte ti aiuterà a mantenere la tua autonomia emotiva e a non dipendere da persone tossiche.

- Impara a **chiedere aiuto** quando ne hai bisogno. Molte persone, dopo una relazione narcisistica, si sentono riluttanti a chiedere sostegno, per paura di sembrare deboli. In realtà, chiedere aiuto è un segno di forza e indipendenza emotiva.

Strumenti pratici:

- Costruisci una rete di supporto che includa almeno **tre persone di fiducia**. Mantieni un contatto regolare con loro e assicurati di avere sempre qualcuno con cui parlare nei momenti difficili.

- Rifletti sulle tue relazioni e assicurati che non ci siano elementi di **codipendenza** o di manipolazione emotiva. La tua rete di supporto dovrebbe aiutarti a crescere, non a farti sentire intrappolato.

Con una rete di supporto forte e una maggiore consapevolezza dei tuoi bisogni emotivi, sarai in grado di mantenere la tua indipendenza e di evitare la dipendenza da individui manipolativi.

CAPITOLO 6. LIBERARSI DAL CICLO TOSSICO: QUANDO E COME TAGLIARE I LEGAMI

Lasciare una relazione tossica con un narcisista può essere estremamente difficile e doloroso, ma è un passo necessario per proteggere il proprio benessere mentale, emotivo e fisico. Tuttavia, uscire da questo tipo di legame non è solo una questione di interrompere il contatto: implica anche affrontare i sensi di colpa, sviluppare strumenti di autodifesa emotiva e prevenire le ricadute. Questo capitolo offre una guida pratica per valutare quando è il momento giusto per andarsene, come farlo in modo sicuro e definitivo, e come gestire il recupero emotivo per ristabilire il proprio equilibrio.

1. *Valutare Quando è Necessario Allontanarsi da una Relazione Tossica*

Capire quando è giunto il momento di tagliare i legami con un narcisista può essere una delle decisioni più difficili da prendere. Spesso, le vittime di queste relazioni sono intrappolate in un ciclo di manipolazione e confusione emotiva, che rende difficile riconoscere la necessità di un cambiamento radicale. Tuttavia, ci sono segni chiari che indicano che è il momento di allontanarsi.

Come riconoscere quando è il momento di lasciare la relazione:

- **Mancanza di rispetto costante**: Se ti trovi in una relazione in cui il narcisista non rispetta i tuoi sentimenti, i tuoi confini e i tuoi bisogni, è un segno chiaro che la relazione è tossica. Il rispetto reciproco è fondamentale in qualsiasi relazione sana, e la sua assenza è un segnale che la situazione non migliorerà.

- **Ciclo di idealizzazione e svalutazione**: I narcisisti spesso alternano momenti di estrema lode (idealizzazione) con periodi di svalutazione, creando una dipendenza emotiva nel partner.

Questo ciclo ti fa sentire confuso e vulnerabile, e può portare a una perdita di autostima e identità. Se ti trovi costantemente in questo ciclo, è un indicatore che la relazione è nociva.

- **Svalutazione continua e senso di colpa**: Se vivi in un costante stato di colpa o ansia per non essere all'altezza delle aspettative del narcisista, questo è un segnale allarmante. Nessuna persona dovrebbe sentirsi costantemente colpevole o inadeguata in una relazione.

- **Senso di isolamento**: I narcisisti spesso cercano di isolare il loro partner dai loro amici e familiari, facendoti sentire solo e dipendente. Se ti rendi conto che hai perso gran parte della tua rete di supporto, è il momento di prendere seriamente in considerazione l'idea di allontanarti.

Strumenti pratici:

- **Fai un inventario delle tue emozioni**: Scrivi un elenco delle emozioni che provi più frequentemente nella relazione (ad esempio, tristezza, paura, confusione). Se la maggior parte delle tue emozioni è negativa, questo è un chiaro segnale che la relazione non è salutare.

- **Analizza i cambiamenti nel tuo comportamento**: Nota se hai cambiato il tuo comportamento per compiacere il narcisista o per evitare conflitti. Se ti senti costantemente sotto pressione per essere qualcuno che non sei, è un segnale che devi rivalutare la relazione.

- **Chiedi supporto a una persona di fiducia**: Parlare con qualcuno di fiducia, che conosce la tua situazione dall'esterno, può offrirti una prospettiva più obiettiva e aiutarti a capire se è il momento di allontanarti.

---

2. Strategie Pratiche per Uscire da una Relazione con un Narcisista in Modo Sicuro e Definitivo

Uscire da una relazione con un narcisista richiede pianificazione e attenzione, poiché i narcisisti tendono a reagire con rabbia o manipolazione quando il loro controllo viene messo in discussione. Ecco alcune strategie pratiche per farlo in modo sicuro e definitivo.

Pianificazione dell'uscita:

- **Prepara un piano di fuga emotiva e fisica**: Prima di rompere con il narcisista, è importante avere un piano ben definito. Se vivi con il narcisista, assicurati di avere un posto sicuro dove andare, anche solo temporaneamente. Prepara tutto ciò di cui hai bisogno (documenti, beni personali importanti) per poter partire senza difficoltà.

- **Limita il contatto gradualmente**: A meno che tu non debba andartene subito per motivi di sicurezza, considera di **limitare gradualmente il contatto** con il narcisista, riducendo il tempo passato insieme e diminuendo le conversazioni su questioni personali. Questo aiuta a preparare emotivamente entrambe le parti per la rottura.

- **Taglia il contatto**: Una volta che hai preso la decisione di lasciare, è fondamentale **tagliare completamente i contatti** con il narcisista. Questo include evitare telefonate, messaggi, email e interazioni sui social media. I narcisisti tendono a usare ogni forma di comunicazione per cercare di rientrare nella tua vita, quindi il "no contact" è essenziale per evitare ricadute.

Gestione delle reazioni del narcisista:

- **Preparati alla manipolazione**: Il narcisista potrebbe cercare di manipolarti con **promesse di cambiamento**, facendo leva sui tuoi sentimenti di colpa o minacciando ritorsioni emotive o fisiche. Non cedere a queste tattiche. Ricorda che è molto raro che un narcisista cambi effettivamente comportamento, e queste promesse sono spesso una tattica per riconquistare il controllo.

- **Imposta dei confini chiari**: Se devi interagire con il narcisista per motivi pratici (ad esempio, figli in comune), imposta confini chiari sulle modalità di comunicazione e sugli argomenti da trattare. Ad esempio, puoi decidere di comunicare solo via email o attraverso terze parti per evitare manipolazioni emotive.

Strumenti pratici:

- **Crea una lista di supporto**: Identifica amici, familiari o professionisti (come un terapeuta) che possono offrirti supporto emotivo e pratico durante il processo di separazione. Avere una rete di persone su cui puoi fare affidamento ti darà la forza necessaria per mantenere la tua decisione.

- **Stabilisci un "piano d'azione"**: Scrivi una lista dettagliata di passi concreti per uscire dalla relazione. Questo può includere dove andrai a vivere, come taglierai i contatti e quali risorse utilizzerai per affrontare il periodo successivo alla separazione.

3. Come Affrontare il Senso di Colpa e il Recupero Psicologico dopo Aver Chiuso con un Narcisista

Dopo aver lasciato un narcisista, è normale provare un profondo senso di colpa, anche se la decisione di allontanarsi era necessaria per il proprio benessere. Questo senso di colpa è spesso alimentato dal narcisista stesso, che potrebbe averti fatto sentire responsabile per la rottura o per i suoi fallimenti. Affrontare questo sentimento e avviare il recupero psicologico richiede tempo e impegno.

Affrontare il senso di colpa:

- **Riconosci che non sei responsabile per i comportamenti del narcisista**: Uno dei primi passi per affrontare il senso di colpa è ricordare che non sei tu il responsabile del comportamento tossico del narcisista. Le sue manipolazioni e azioni negative sono il risultato della sua personalità, non delle tue mancanze.

- **Accetta che il cambiamento non era possibile**: Spesso chi è in una relazione con un narcisista rimane nella speranza che l'altra persona cambi. Lasciare significa accettare che non potevi fare nulla per cambiare la situazione e che rimanere avrebbe solo continuato a danneggiarti.

- **Ricorda perché hai lasciato**: Tieni sempre a mente le ragioni per cui hai scelto di andartene. Scrivile in un diario o su un foglio che puoi leggere ogni volta che il senso di colpa emerge. Questo ti aiuterà a mantenere la chiarezza mentale nei momenti di dubbio.

Recupero psicologico:

- **Riconosci i tuoi sentimenti**: Non cercare di sopprimere il senso di colpa o la tristezza. Accetta che queste emozioni fanno parte del processo di guarigione e permettiti di viverle senza giudicarti. È normale sentirsi in conflitto emotivo, anche se sai di aver fatto la scelta giusta.

- **Partecipa a una terapia o a un gruppo di supporto**: Parlare con un terapeuta specializzato in dinamiche narcisistiche può essere estremamente utile per affrontare il senso di colpa e rielaborare le esperienze traumatiche. I gruppi di supporto con persone che hanno vissuto situazioni simili possono offrirti comprensione e sostegno.

Strumenti pratici:

- **Tieni un diario emotivo**: Scrivi i tuoi sentimenti ogni giorno, specialmente quando il senso di colpa o la tristezza diventano intensi. Questo ti aiuterà a rielaborare le tue emozioni e a vedere i progressi che stai facendo nel tempo.

- **Crea una lista di conferme positive**: Ogni giorno, scrivi almeno tre affermazioni che ti ricordino che hai fatto la scelta giusta per te. Questo potrebbe includere frasi come "Merito rispetto" o "Sto prendendo il controllo della mia vita".

---

4. Pratiche di Mindfulness, Gestione dello Stress e Tecniche di Rilassamento per Prevenire Ricadute Emotive

Una volta usciti da una relazione narcisistica, è facile ricadere in dinamiche tossiche se non si è emotivamente preparati. Per questo motivo, è fondamentale sviluppare tecniche di gestione dello stress e pratiche di mindfulness che ti aiutino a rimanere centrato e a prevenire ricadute emotive.

Tecniche di mindfulness:

- **Esercizio di respirazione consapevole**: Questo esercizio ti aiuta a riportare la tua mente al momento presente, riducendo l'ansia e lo stress. Trova un posto tranquillo, chiudi gli occhi e concentra la tua attenzione sul respiro. Inspira lentamente per 4 secondi, trattieni per 4 secondi ed espira per 4 secondi. Ripeti questo ciclo per almeno 5 minuti, concentrandoti solo sul flusso del respiro. Se i pensieri negativi emergono, lasciali andare e riporta l'attenzione al respiro.

- **Pratica dell'osservazione senza giudizio**: Quando le emozioni forti, come la rabbia o la tristezza, emergono, invece di cercare di reprimerle o cambiarle, prova a **osservarle senza giudizio**. Siediti in un luogo tranquillo, chiudi gli occhi e fai attenzione a come ti senti. Non etichettare le emozioni come "giuste" o "sbagliate", semplicemente riconoscile e lascia che fluiscano. Questo ti aiuta a non farti sopraffare dalle emozioni negative e a sviluppare una maggiore consapevolezza emotiva.

Gestione dello stress e tecniche di rilassamento:

- **Progressive Muscle Relaxation (PMR)**: Questa tecnica ti aiuta a rilasciare la tensione muscolare, riducendo lo stress fisico ed emotivo. Trova una posizione comoda e inizia a concentrarti su ogni gruppo muscolare del corpo, partendo dai piedi. Contrae ogni gruppo muscolare per 5 secondi, poi rilascialo lentamente. Ripeti questo per ogni parte del corpo, fino a che non senti una sensazione di rilassamento.

- **Attività fisica regolare**: L'esercizio fisico è un potente strumento per ridurre lo stress e prevenire ricadute emotive. Camminare, fare yoga o praticare attività all'aperto ti aiuta a rilasciare tensione accumulata e a mantenere un equilibrio emotivo.

Strumenti pratici:

- **Crea una routine quotidiana di mindfulness**: Dedica almeno 10 minuti al giorno a un esercizio di mindfulness o di rilassamento. Integra queste pratiche nella tua giornata, magari al mattino o prima di andare a dormire.

- **Monitora i tuoi livelli di stress**: Prendi nota dei momenti in cui lo stress o le emozioni negative aumentano e applica subito una delle tecniche di rilassamento per prevenire una ricaduta emotiva.

5. Esercizi Quotidiani di Consapevolezza e Cura del Sé per Mantenere l'Equilibrio

Oltre alla mindfulness, è fondamentale integrare pratiche quotidiane di **cura del Sé** nella tua vita per mantenere un equilibrio emotivo e prevenire future relazioni tossiche. La cura di sé non è solo un atto di amore verso se stessi, ma anche una forma di autodifesa emotiva.

Pratiche quotidiane di cura del Sé:

- **Prenditi del tempo per te stesso**: Ogni giorno, dedicati almeno 15 minuti per fare qualcosa che ti piace e ti rilassa. Questo può essere leggere un libro, fare una passeggiata o ascoltare musica. Prendersi del tempo per sé stessi è essenziale per mantenere il benessere emotivo.

- **Stabilisci routine di autocura**: La routine quotidiana gioca un ruolo cruciale nel mantenere l'equilibrio emotivo. Crea una routine che includa attività di cura fisica e mentale. Questo potrebbe includere prendersi cura della propria alimentazione, fare esercizio fisico regolare, o dedicare del tempo alla meditazione o alla riflessione personale.

- **Impara a dire di no**: Imparare a proteggere il proprio spazio personale e a dire di no quando necessario è una delle forme più importanti di cura del Sé. Quando senti che le tue energie sono esaurite o che stai sacrificando te stesso per il bene degli altri, fermati e prenditi il tempo per ricaricare le tue energie.

Strumenti pratici:

- **Crea una lista di attività di autocura**: Scrivi una lista di attività che ti fanno sentire bene e riposato. Ogni giorno, scegli almeno una di queste attività e dedica del tempo a farla. Questo ti aiuterà a rimanere focalizzato sulla cura di te stesso.

- **Monitoraggio dell'autostima**: Ogni settimana, valuta come ti senti riguardo alla tua autostima e al tuo benessere emotivo. Se noti che i tuoi livelli di stress o insicurezza aumentano, ritorna a pratiche di mindfulness e cura del Sé per ribilanciare le tue emozioni.

CAPITOLO 7. CONVIVERE CON UN NARCISISTA: STRUMENTI E STRATEGIE PRATICHE

Affrontare una relazione con un narcisista, che sia sentimentale, lavorativa o familiare, può risultare estremamente complicato e stressante. La convivenza con una persona che costantemente cerca di manipolare, svalutare e controllare le interazioni richiede un insieme di strumenti pratici per preservare la propria integrità emotiva e mentale. In questo capitolo, verranno forniti metodi e strategie pratiche per gestire la relazione con un narcisista, mantenere il controllo delle proprie emozioni e proteggere il proprio benessere.

1. *Adattare il Comportamento alla Relazione*

Le dinamiche con un narcisista variano a seconda del tipo di relazione. Che si tratti di una relazione sentimentale, lavorativa o familiare, è importante adattare il proprio comportamento per ridurre l'impatto negativo e preservare il proprio equilibrio.

Relazione Sentimentale

In una relazione sentimentale con un narcisista, uno degli errori più comuni è cercare continuamente approvazione. Il narcisista tende a creare un ciclo in cui la tua autostima dipende dalla sua validazione, alimentando la tua insicurezza. Per evitare questo, è fondamentale **mantenere la propria indipendenza emotiva** e non cadere nella trappola di cercare conferme continue dal narcisista.

Strategie pratiche:

- **Non cercare la sua approvazione**: Concentrati sul rafforzare il tuo sé interiore, cercando approvazione solo da te stesso. Ogni giorno, dedica del tempo a riflettere su ciò che hai fatto bene senza chiederti se il narcisista lo riconosce o apprezza.

- **Non permettere che la relazione sia solo su di lui/lei**: Cerca di mantenere l'equilibrio tra i tuoi bisogni e quelli del narcisista. Imposta conversazioni su argomenti che ti riguardano e insisti nel voler essere ascoltato. Anche se il narcisista cercherà di riportare tutto su di sé, non arrenderti facilmente.

Strumenti pratici:

- **Diario di Autoconvalida**: Ogni giorno, scrivi almeno tre momenti in cui ti sei sentito fiero di te stesso senza bisogno della conferma del narcisista. Questo ti aiuterà a rompere il ciclo di dipendenza dalla sua approvazione.

Ambito Lavorativo

In un ambiente lavorativo, il narcisista può essere un collega o, peggio, un superiore. In questi casi, cercare di sfidare apertamente il narcisista può portare a conseguenze negative, poiché cercherà di screditarti o manipolarti. La strategia migliore è limitare al minimo le interazioni personali e concentrarsi esclusivamente sugli aspetti professionali.

Strategie pratiche:

- **Non esporsi troppo**: Mantieni le conversazioni limitate a questioni lavorative e non rivelare dettagli personali o emotivi. Il narcisista potrebbe usare queste informazioni contro di te per manipolarti.

- **Evitare confronti diretti**: In caso di disaccordo, evita di confrontarti apertamente o di cercare di "vincere" una discussione. Mantieni una posizione neutrale, concentrandoti sui fatti e non sulle emozioni.

Strumenti pratici:

- **Registro delle Interazioni**: Tieni un registro delle conversazioni e delle interazioni con il narcisista. Se mai dovesse esserci bisogno di dimostrare un comportamento scorretto, avrai documentazione precisa delle tue interazioni lavorative.

Relazioni Familiari

Le dinamiche familiari con un narcisista possono essere le più difficili da gestire, poiché spesso non è possibile interrompere completamente il contatto. In questo contesto, è fondamentale imparare a **mantenere**

conversazioni brevi e non emotive per evitare di essere trascinati in conflitti.

Strategie pratiche:

- **Risposte brevi e neutre**: Quando il narcisista cerca di innescare una reazione emotiva, rispondi in modo breve e non emotivo. Usa frasi come "Capisco" o "Ok" senza approfondire l'argomento.

- **Evitare temi conflittuali**: Cerca di mantenere le conversazioni su temi neutri, evitando discussioni che possano scatenare reazioni emotive.

Strumenti pratici:

- **Lista di Risposte Neutre**: Prepara una serie di risposte neutre che puoi usare quando il narcisista cerca di provocarti. Avere queste risposte pronte ti aiuterà a evitare discussioni inutili e conflitti.

2. Esercitare il Controllo delle Emozioni

Una delle principali sfide nella convivenza con un narcisista è mantenere il controllo delle proprie emozioni. Il narcisista cercherà continuamente di provocarti, manipolando le tue reazioni per alimentare il proprio potere. **Esercitare il controllo delle emozioni** è essenziale per proteggerti e non cadere nelle sue trappole.

Uso del Metodo del "Grey Rock"

Il metodo del "Grey Rock" è una delle tecniche più efficaci per ridurre l'impatto emotivo di un narcisista. Questa tecnica consiste nel mostrarsi **neutrale e disinteressato** durante le interazioni, rendendoti emotivamente "noioso" per il narcisista, che cercherà stimoli emotivi altrove.

Come applicarlo:

- **Risposte monosillabiche**: Rispondi in modo monotono e con frasi brevi come "Sì", "No", o "Forse". Evita di dare dettagli personali o di approfondire l'argomento.

- **Nessuna reazione emotiva**: Se il narcisista cerca di provocarti, mantieni la calma e non mostrare alcuna emozione. Più sei emotivamente distaccato, meno potere avrà su di te.

Strumenti pratici:

- **Allenamento mentale**: Ogni volta che interagisci con il narcisista, ricorda di rimanere emotivamente distaccato. Ripeti mentalmente frasi come "Non mi farò coinvolgere" o "Questo non mi tocca" per rafforzare il tuo controllo emotivo.

Tecniche di Respirazione per il Controllo delle Emozioni

Quando il narcisista cerca di provocarti, può essere difficile mantenere la calma. Una tecnica pratica è **usare la respirazione profonda** per controllare le tue reazioni emotive. Respirare lentamente ti aiuta a calmarti e a non reagire in modo impulsivo.

Come fare:

- **Tecnica della respirazione in 4-7-8**: Inspira lentamente attraverso il naso contando fino a 4, trattieni il respiro per 7 secondi, ed espira lentamente attraverso la bocca contando fino a 8. Ripeti questo ciclo 3-5 volte, concentrandoti solo sul respiro.

Strumenti pratici:

- **Frase chiave per la calma**: Quando senti che il narcisista sta cercando di provocarti, ripeti a te stesso una frase chiave per mantenere la calma, come "Non sono coinvolto in questa discussione" o "Non è utile parlare di questo ora". Questa frase ti aiuterà a non farti coinvolgere emotivamente.

---

3. Tecniche di Comunicazione Diretta e Controllata

Comunicare con un narcisista può diventare una vera sfida, poiché tenderà a manipolare le conversazioni per ottenere un vantaggio emotivo. La chiave per gestire queste interazioni è **mantenere la comunicazione breve, diretta e controllata**.

Evitare Giustificazioni o Spiegazioni

Una delle trappole più comuni in cui il narcisista cerca di trascinarti è quella di spingerti a giustificarti o spiegarti. Questo gli dà l'opportunità di manipolare le tue parole o attaccarti. Per evitare questo, limita le tue risposte a frasi concise e neutre.

Come fare:

- **Risposte concise**: Usa frasi brevi come "Capisco", "Va bene" o "Grazie per avermelo detto". Non cercare di spiegarti o difenderti, poiché il narcisista userà queste spiegazioni contro di te.

Strumenti pratici:

- **Preparare risposte standard**: Prepara una serie di risposte standard che puoi utilizzare durante le conversazioni. Queste risposte ti aiuteranno a evitare di cadere nella trappola di spiegarti o giustificarti.

Rimanere sul Punto

Il narcisista tenterà spesso di deviare la conversazione verso critiche personali o dinamiche emotive per destabilizzarti. La tua strategia deve essere quella di riportare costantemente la discussione sull'argomento originario, evitando di farti coinvolgere emotivamente.

Come fare:

- **Riporta la conversazione al punto**: Se il narcisista inizia a deviare il discorso verso attacchi personali o accuse, usa frasi come "Torniamo all'argomento iniziale" o "Non vedo come questo sia rilevante". Mantieni il focus sull'argomento senza entrare in conflitto emotivo.

Strumenti pratici:

- **Tieni traccia della conversazione**: Se ti accorgi che il narcisista sta cercando di cambiare argomento, annota mentalmente o fisicamente i punti della conversazione. Questo ti aiuterà a mantenere il controllo e a non permettere che la conversazione deragli.

---

4. Mantenere i Confini Senza Cedimenti

Il narcisista cercherà sempre di superare i tuoi confini personali, testando continuamente la tua resistenza. La chiave per proteggere il tuo benessere è **stabilire confini chiari e mantenerli senza cedimenti**, anche quando il narcisista cerca di manipolarti o farti sentire in colpa.

Definire i Confini

Il primo passo per proteggerti è identificare quali sono i tuoi confini e comunicarli chiaramente al narcisista. Un confine può riguardare ciò che accetti o non accetti nelle conversazioni, nelle interazioni o nel comportamento verso di te.

Come fare:

- **Comunica i tuoi confini chiaramente**: Usa frasi assertive e dirette per stabilire i tuoi confini, come "Non accetto che mi parli in questo modo" o "Preferisco non discutere di questo argomento". Sii fermo e non lasciare spazio a interpretazioni.

Strumenti pratici:

- **Lista dei confini**: Prima di interagire con il narcisista, scrivi una lista dei confini che intendi mantenere e ripassa queste frasi nella tua mente. Questo ti aiuterà a mantenere la tua posizione quando sarà necessario.

Ribadire i Confini Senza Mostrarsi Vulnerabili

Quando il narcisista cerca di superare i tuoi confini, potrebbe farlo in modo subdolo o aggressivo, cercando di provocare una reazione emotiva da parte tua. In questi casi, è fondamentale ribadire i tuoi confini in modo calmo e assertivo, senza mostrare rabbia o vulnerabilità.

Come fare:

- **Ribadisci con calma la tua posizione**: Se il narcisista tenta di superare un confine, rispondi con frasi come "Ho già spiegato come mi sento riguardo a questo, e non cambierò idea". Mantieni il controllo della situazione senza farti coinvolgere emotivamente.

Strumenti pratici:

- **Allenamento alla risposta emotiva**: Prima di una conversazione potenzialmente difficile, pratica la tua risposta emotiva davanti allo specchio. Questo ti aiuterà a rimanere calmo e centrato anche durante interazioni tese.

5. Strumenti per Proteggere il Proprio Benessere

Convivere con un narcisista può essere estremamente stressante, e per proteggerti emotivamente è fondamentale dedicare tempo e attenzione al tuo **benessere emotivo e psicologico**. Questo richiede una combinazione di tecniche di autocura e monitoraggio delle tue emozioni.

Attività di Cura del Sé Quotidiana

Dedicare un momento della giornata alle attività che rinforzano il tuo benessere emotivo è essenziale per mantenere un equilibrio mentale e non farti sopraffare dalle dinamiche tossiche della relazione.

Come fare:

- **Routine di autocura**: Ogni giorno, dedica almeno 15 minuti a un'attività che ti rilassa e ti aiuta a ricaricare le energie. Può trattarsi di meditazione, journaling, esercizi di respirazione o qualsiasi altra attività che trovi piacevole e rigenerante.

Strumenti pratici:

- **Agenda del benessere**: Pianifica in anticipo le tue attività di cura del sé, segnandole in un'agenda o in un calendario. Trattale come impegni fissi, così da non trascurarle.

Diario delle Emozioni

Un altro strumento utile è il **diario delle emozioni**, che ti aiuterà a monitorare i tuoi stati d'animo e a comprendere meglio come le interazioni con il narcisista influenzano il tuo benessere.

Come fare:

- **Monitora le tue emozioni**: Ogni volta che interagisci con il narcisista, prendi nota delle emozioni che provi durante e dopo l'interazione. Annota anche i pensieri che ti passano per la mente e come reagisci fisicamente (tensione muscolare, mal di stomaco, ecc.).

Strumenti pratici:

- **Riflessione settimanale**: Ogni settimana, rileggi le tue note e identifica i momenti in cui hai perso il controllo emotivo o hai sentito che il narcisista aveva un impatto negativo su di te. Usa queste riflessioni per migliorare le tue tecniche di gestione delle emozioni.

6. Quando Uscire dalla Relazione

Sebbene sia possibile convivere con un narcisista utilizzando le tecniche sopra descritte, ci sono situazioni in cui è necessario riconoscere che il miglior passo da compiere è **tagliare definitivamente i legami**. Quando il narcisista supera certi limiti, come l'abuso psicologico o la distruzione della tua autostima, uscire dalla relazione diventa l'unica opzione per salvaguardare il tuo benessere.

Segnali per Uscire dalla Relazione

Ci sono segnali chiari che indicano che è giunto il momento di allontanarsi, anche se ciò può sembrare difficile o spaventoso. Riconoscere questi segnali ti permetterà di agire in modo tempestivo e di proteggerti.

Come fare:

- **Abuso psicologico costante**: Se ti rendi conto che il narcisista utilizza la manipolazione psicologica costantemente, facendoti sentire in colpa, ridicolizzando i tuoi sentimenti o sminuendo i tuoi successi, questo è un segnale che la relazione è diventata dannosa per la tua salute mentale.

- **Distruzione della tua autostima**: Se dopo ogni interazione con il narcisista ti senti sempre meno sicuro di te stesso, questa è una chiara indicazione che la relazione sta distruggendo la tua autostima. In questi casi, il passo successivo dovrebbe essere l'allontanamento.

Strumenti pratici:

- **Elenco di segnali di allarme**: Crea una lista di segnali di allarme personali che indicano che la relazione è troppo tossica. Ad esempio, potresti includere frasi come "Mi sento costantemente in colpa" o "Non mi sento mai abbastanza". Usa questa lista come riferimento ogni volta che ti chiedi se è il momento di andartene.

Creare un Piano di Uscita

Quando decidi di allontanarti definitivamente, è importante farlo in modo sicuro e ben pianificato.

Uscire da una relazione con un narcisista può comportare rischi emotivi e, in alcuni casi, anche fisici. Avere un piano d'uscita concreto ti darà la sicurezza e la forza di affrontare la separazione in modo efficace.

Come fare:

- **Identifica le risorse necessarie**: Prima di lasciare il narcisista, identifica le risorse che ti serviranno, come un posto dove vivere, supporto legale o terapeutico, e un piano finanziario.

- **Cerca supporto**: Se possibile, coinvolgi amici, familiari o professionisti nel tuo piano d'uscita. Avere una rete di supporto ti aiuterà a superare il momento della separazione senza crollare emotivamente.

- **Pianifica la tua sicurezza**: Se temi che il narcisista possa reagire in modo aggressivo, assicurati di avere un piano di sicurezza. Questo potrebbe includere informare le autorità o cercare rifugio presso amici o familiari.

Strumenti pratici:

- **Piano di emergenza**: Prepara un piano di emergenza che includa tutte le risorse di cui potresti aver bisogno. Assicurati che tutte le persone coinvolte siano consapevoli del piano e pronte ad agire se necessario.

8. CONCLUSIONI: COSTRUIRE UN FUTURO DI LIBERTA' E AUTONOMIA

Il percorso che hai intrapreso leggendo questo libro ti ha fornito strumenti pratici e concreti per affrontare le dinamiche narcisistiche nelle relazioni. Il capitolo conclusivo è dedicato a riassumere queste strategie, integrarle nella tua vita quotidiana e offrirti un quadro pratico su come continuare a lavorare su te stesso. Non basta riconoscere le dinamiche tossiche; bisogna lavorare per mantenere un equilibrio interiore che garantisca un futuro libero da manipolazioni e basato su relazioni sane. Questo capitolo ti guiderà attraverso sei punti chiave, con metodi e suggerimenti pratici per costruire e mantenere una vita di libertà emotiva e autonomia.

1. Sintesi delle Strategie Apprese: Un Nuovo Approccio alla Vita

Durante la lettura di questo libro, hai imparato numerose tecniche e strategie pratiche per affrontare i narcisisti, proteggerti dalle manipolazioni e rafforzare il tuo benessere emotivo. Ora è il momento di integrare queste competenze nella tua vita quotidiana, applicandole con costanza e adattandole alle diverse situazioni.

Come fare:

- **Riconosci i progressi fatti**: La consapevolezza dei miglioramenti è il primo passo per costruire un futuro libero da manipolazioni. Prendi un momento per riflettere su quanto sei cresciuto durante questo percorso. Magari all'inizio ti sentivi sopraffatto dalle emozioni e dalle dinamiche tossiche, ma ora hai acquisito strumenti concreti per affrontare tali situazioni.

- **Integra le tecniche nella vita quotidiana**: Non devi applicare tutte le strategie contemporaneamente. Ogni situazione richiede un approccio diverso, quindi impara a scegliere lo strumento giusto al momento giusto. Ad esempio, il "Grey Rock" può essere più utile in situazioni di scontro diretto con il narcisista, mentre il diario delle emozioni potrebbe aiutarti nei momenti di riflessione personale.

- **Monitorare i risultati**: Un modo per verificare il successo delle strategie è tenere traccia delle interazioni con il narcisista o con altre persone. Annota le volte in cui sei riuscito a mantenere i tuoi confini o a proteggerti dalle manipolazioni. Questo ti aiuterà a vedere i tuoi progressi e a correggere eventuali errori.

Strumenti pratici:

- **Revisione settimanale delle strategie**: Ogni settimana, dedicati del tempo per riflettere su quali tecniche hai usato e quali sono state più efficaci. Fai un'analisi delle situazioni in cui ti sei sentito sicuro e protetto e individua i momenti in cui avresti potuto fare meglio. Questa auto-riflessione ti permetterà di affinare le tue competenze e di applicarle in modo sempre più efficace.

2. Il Vlaggio Verso l'Autonomia Emotiva: Essere il Protagonista della Propria Vita

L'autonomia emotiva è uno degli obiettivi più importanti che puoi raggiungere in questo processo. Significa non dipendere più dalle emozioni o dal controllo degli altri per definire chi sei o come ti senti. I narcisisti cercano costantemente di destabilizzare la tua identità emotiva, facendoti sentire insicuro, colpevole o confuso. L'autonomia emotiva ti dà il potere di essere il protagonista della tua vita, non più vittima di manipolazioni esterne.

Come sviluppare l'autonomia emotiva:

- **Riconoscere il controllo sulle proprie emozioni**: Il primo passo verso l'autonomia emotiva è riconoscere che tu sei responsabile di come ti senti. Nessuno può controllare le tue emozioni senza il tuo consenso. Se qualcuno ti provoca o cerca di farti sentire in colpa, tu hai il potere di scegliere come reagire. Questo non significa negare le tue emozioni, ma imparare a gestirle in modo consapevole.

- **Costruire l'autostima indipendentemente dagli altri**: L'autonomia emotiva richiede anche una solida autostima. Se il tuo valore dipende dall'approvazione degli altri, sarai sempre vulnerabile alle manipolazioni. Lavora per costruire una fiducia in te stesso che non dipenda da ciò che gli altri pensano di te. Ogni giorno, prenditi del tempo per riflettere sui tuoi successi e sui tuoi punti di forza, riconoscendo i tuoi meriti senza cercare l'approvazione esterna.

Strumenti pratici:

- **Diario dell'autonomia emotiva**: Tieni un diario in cui registri i momenti in cui sei riuscito a mantenere il controllo delle tue emozioni e a non farti influenzare dagli altri. Annota anche le volte in cui ti sei sentito vulnerabile e rifletti su come avresti potuto affrontare meglio la situazione. Con il tempo, vedrai che la tua autonomia emotiva diventerà sempre più solida.

3. Mantenere la Propria Forza Interiore: Tecniche di Rinforzo Continuo

Costruire una forza interiore è essenziale per mantenere il controllo su te stesso e non cedere alle pressioni esterne. Tuttavia, questa forza non è qualcosa che si acquisisce una volta per tutte; deve essere continuamente rinforzata per rimanere solida. Le dinamiche di potere con un narcisista o anche con altre persone manipolative possono mettere alla prova la tua resistenza emotiva, quindi è fondamentale **rafforzare costantemente la tua forza interiore**.

Come fare:

- **Esercizi di autocura quotidiana**: La cura del sé è una pratica quotidiana che ti aiuta a mantenere un equilibrio emotivo e mentale. Dedicare ogni giorno del tempo a te stesso, anche solo per pochi minuti, è essenziale per mantenere la tua forza interiore. Questo potrebbe significare fare una passeggiata, meditare, scrivere nel tuo diario o dedicarti a un hobby che ti appassiona.

- **Resilienza nelle sfide**: La vita ti presenterà inevitabilmente nuove sfide, ma la chiave per mantenere la forza interiore è affrontarle con resilienza. Quando incontri un ostacolo, piuttosto che lasciarti sopraffare, usa le tecniche che hai imparato per mantenere la calma e gestire la situazione. Ad esempio, se ti trovi in una situazione stressante, puoi ricorrere alla respirazione profonda o alla mindfulness per riprendere il controllo.

Strumenti pratici:

- **Routine di rinforzo emotivo**: Crea una routine giornaliera che includa momenti di autocura e rinforzo emotivo. Questo può essere una breve meditazione mattutina, una passeggiata nel parco, o semplicemente prendere 10 minuti per riflettere sulla tua giornata. L'importante è dedicare regolarmente del tempo a rafforzare la tua resilienza emotiva.

4. Continuare a Lavorare su Se Stessi: Crescita e Autoconsapevolezza

L'autoconsapevolezza e la crescita personale non finiscono mai. Anche se hai imparato a gestire le relazioni tossiche e a difendere i tuoi confini, c'è sempre spazio per migliorare. Lavorare su te stesso non significa che ci sia qualcosa di sbagliato in te, ma piuttosto che desideri **continuare a crescere** come individuo, a esplorare nuove capacità e a sviluppare una consapevolezza più profonda di chi sei.

Come fare:

- **Esplorare nuove competenze**: Ora che hai imparato a gestire le relazioni narcisistiche, potresti voler ampliare le tue competenze in altri ambiti. Potresti dedicarti a migliorare la tua comunicazione, imparare a gestire meglio il tempo, o approfondire tecniche di leadership. Esplorare nuove abilità ti aiuterà a crescere come persona e a sviluppare una maggiore fiducia in te stesso.

- **Accettare il cambiamento**: Il cambiamento è inevitabile nella vita, e accettarlo ti permette di crescere senza paura. Non farti scoraggiare dai momenti di difficoltà o dai fallimenti; piuttosto, vedi ogni esperienza come un'opportunità per imparare. La crescita personale si basa sulla capacità di adattarsi e imparare da ogni situazione.

Strumenti pratici:

- **Obiettivi di crescita personale**: Ogni mese, stabilisci un obiettivo di crescita personale. Può essere migliorare una competenza che hai sempre desiderato sviluppare o lavorare su un aspetto della tua vita che ti crea difficoltà. Tieni traccia dei tuoi progressi e rifletti su ciò che hai imparato lungo il percorso.

5. Suggerimenti per Mantenere la Propria Libertà Emotiva e Relazionale

Una volta raggiunta una certa libertà emotiva e relazionale, è facile pensare di essere al sicuro da future manipolazioni o dinamiche tossiche. Tuttavia, mantenere questa libertà richiede un impegno continuo. Le relazioni tossiche possono essere difficili da individuare all'inizio, quindi è importante **restare vigili** e usare le competenze apprese per proteggerti.

Come fare:

- **Identificare i segnali di allarme**: Quando incontri nuove persone, fai attenzione ai comportamenti che possono indicare tendenze narcisistiche o manipolative. Se noti segni come l'egocentrismo, la mancanza di empatia o la manipolazione emotiva, considera la possibilità di allontanarti subito, prima che la relazione diventi tossica.

- **Mantenere confini chiari**: Le relazioni sane si basano su rispetto reciproco e confini ben definiti. Fin dall'inizio di una nuova relazione, chiarisci i tuoi limiti e non permettere che vengano superati. Se qualcuno cerca di violare i tuoi confini, affronta subito la situazione con fermezza, comunicando chiaramente cosa è accettabile e cosa no.

Strumenti pratici:

- **Lista dei segnali di allarme**: Crea una lista personale di segnali di allarme che ti indicano quando una relazione potrebbe diventare tossica.

Ad esempio, puoi includere comportamenti come il controllo eccessivo, la svalutazione o la manipolazione emotiva. Usa questa lista come guida quando inizi nuove relazioni per proteggerti da eventuali dinamiche negative.

---

6. Coltivare Relazioni Sane: Supporto e Reciprocità

Dopo aver imparato a gestire e, se necessario, a lasciare relazioni tossiche, è altrettanto importante sapere come **coltivare relazioni sane**. Le relazioni sane si basano sul rispetto reciproco, sul supporto e sulla comunicazione aperta. Investire in queste relazioni ti aiuterà a costruire un sistema di supporto forte, che rinforzerà il tuo benessere emotivo e ti permetterà di mantenere l'equilibrio interiore.

Come fare:

- **Cercare relazioni basate sulla reciprocità**: Le relazioni sane sono equilibrate. Cerca persone che sono disposte a dare quanto ricevono, che ti supportano nei momenti difficili e che apprezzano la tua presenza senza cercare di controllarti o manipolarti.

- **Investire nella comunicazione aperta**: Una comunicazione onesta e aperta è la base di qualsiasi relazione sana. Esprimi chiaramente i tuoi bisogni e ascolta quelli degli altri. La fiducia si costruisce attraverso la trasparenza e il rispetto reciproco, quindi impegnati a mantenere una comunicazione sincera in tutte le tue relazioni.

Strumenti pratici:

- **Valutazione delle relazioni**: Periodicamente, prendi del tempo per riflettere sulla qualità delle tue relazioni. Chiediti se c'è equilibrio tra dare e ricevere, se ti senti rispettato e se la relazione ti arricchisce. Se una relazione inizia a diventare sbilanciata o dannosa, valuta se è il caso di discutere la situazione o, se necessario, di prendere le distanze.

Conclusione

Intraprendere il viaggio verso la libertà emotiva e l'autonomia dalle dinamiche narcisistiche è un percorso impegnativo, ma possibile. Con le strategie pratiche apprese in questo libro, hai acquisito gli strumenti necessari per riconoscere le manipolazioni, proteggere i tuoi confini e rafforzare la tua autostima. Ora sei in grado di affrontare le relazioni con una nuova consapevolezza e, soprattutto, con la capacità di scegliere la tua strada senza lasciarti condizionare dagli altri. Ricorda, il potere di trasformare la tua vita è nelle tue mani, e ogni giorno rappresenta un'opportunità per consolidare la tua indipendenza emotiva e costruire relazioni sane e appaganti. Il viaggio continua, e tu sei il protagonista della tua crescita e del tuo benessere.

Se pensi che questo libro ti sia piaciuto e ti abbia aiutato, ti chiedo solo di dedicare pochi secondi a lasciare una breve recensione su Amazon!

Grazie,

Francesca R. Monroe